★ 建设更高水平的"齐鲁粮仓"县域样板书系 ★

"藏粮于技"
——走向集成化与规范化的粮食生产技术体系

吕 虹 李欣灿 刘 硕◎著

人 民 出 版 社

策划编辑：郑海燕

责任编辑：郑海燕　张　蕾　张　燕　高　旭

封面设计：牛成成

责任校对：周晓东

图书在版编目（CIP）数据

"藏粮于技"：走向集成化与规范化的粮食生产技术体系 /
吕虹，李欣灿,刘硕著 . -- 北京 ：人民出版社，2025. 6.
ISBN 978－7－01－027200－9

Ⅰ. F326.11

中国国家版本馆 CIP 数据核字第 20251FT691 号

"藏粮于技"
"CANGLIANG YU JI"

——走向集成化与规范化的粮食生产技术体系

吕　虹　李欣灿　刘　硕　著

人 民 出 版 社 出版发行
（100706　北京市东城区隆福寺街 99 号）

中煤（北京）印务有限公司印刷　新华书店经销

2025 年 6 月第 1 版　2025 年 6 月北京第 1 次印刷
开本：710 毫米×1000 毫米 1/16　印张：15.25
字数：180 千字

ISBN 978－7－01－027200－9　定价：80. 00 元

邮购地址 100706　北京市东城区隆福寺街 99 号
人民东方图书销售中心　电话 （010）65250042　65289539

目　录

绪　　论

一、我国农业走向农业高技术之路

习近平总书记指出："农业现代化,关键是农业科技现代化。要加强农业与科技融合,加强农业科技创新,科研人员要把论文写在大地上,让农民用最好的技术种出最好的粮食。"①

技术进步是农业现代化的根本出路。近代以来,人类农业的每一次重大变革,关键技术的进步与推广都是其根本动力。蒸汽拖拉机的发明和使用,彻底改变了农业生产中的动力来源。工业合成氨技术被应用于工厂生产时,化肥工业的时代由此开始。合成农药的快速发展与广泛应用极大地减少了农作物虫害。近几十年,生物技术、信息技术、新型机械装备的不断进步,更是极大改变了农业生产的面貌。新技术的使用,能够改造传统农业"靠天吃饭""手扶肩挑"的生产方式,从而打破了技术滞后的低水平均衡,带来土地产出率、劳动生产率以及资源利用率的不断提高,使农业的生产力、生产效率、经济效益得到质的飞跃,最终形成一个技术上不断革新、因地制宜、绿色可靠的现代化农业体系。各国的农业

① 习近平:《论"三农"工作》,中央文献出版社 2022 年版,第 219 页。

现代化道路,正是一个以提升科技水平为主轴,不断投入现代生产要素,完善生产组织方式的过程,农业科技创新能力也成为衡量一个国家农业综合竞争力的重要指标。

我国以占世界 9% 的耕地、6% 的淡水资源,养育了世界上 1/5 的人口,离不开农业技术的持续创新和进步。21 世纪以来,一方面,受全球气候变化影响,干旱、洪涝等自然灾害频发,世界农产品供求关系剧烈变化,能源价格持续波动,资本投机愈演愈烈。外部条件的变化明显加大了农业风险,对我国粮食安全提出挑战。[1] 另一方面,在城镇化持续推进的背景下,城市人口的不断扩大,食品消费持续升级,对农业生产提出新的需求。[2][3] 同时,农业发展转型又受到劳动力的不断外流,耕地资源、水资源的刚性约束以及资源环境保护等限制。国内国外、宏观微观的风险与难题相互叠加,要求我国农业生产体系亟须在现有基础上向现代化生产方式发展、转型,以高技术实现高质量,实现农业产能的总体性提升。

面对新形势、新挑战,党的十八大以来,以习近平同志为核心的党中央高度重视农业科技发展进步,通过深入分析国际国内形势,提出了一系列加快提升农业科技水平的战略思想与关键举措。2013 年,习近平总书记在山东考察时强调:"要给农业插上科技的翅膀,按照增产增效并重、良种良法配套、农机农艺结合、生产生态协调的原则,促进农业技术集成化、劳动过程机械化、生产经营信息化、安全环保法治化,加快构建适应高产、优质、高效、生态、安全

---

① 魏后凯:《"十四五"时期中国农村发展若干重大问题》,《经济研究参考》2020 年第 8 期。

② 王炫凯、曲宝成、艾孜买提·阿合麦提、王树伟、康磊:《"十四五"时期我国粮食安全存在的问题及对策研究》,《粮食问题研究》2022 年第 3 期。

③ 程国强:《推进粮食产业高质量发展的思考》,《中国粮食经济》2019 年第 9 期。

农业发展要求的技术体系。"①2018 年,习近平总书记在黑龙江考察时再次强调:"要把发展农业科技放在更加突出的位置,大力推进农业机械化、智能化,给农业现代化插上科技的翅膀。"②2019年,习近平总书记在参加十三届全国人大二次会议河南代表团审议时强调:"要发挥好粮食生产这个优势,立足打造全国重要的粮食生产核心区,推动藏粮于地、藏粮于技,稳步提升粮食产能,在确保国家粮食安全方面有新担当新作为。"③2020 年,在党的十九届五中全会上通过的《中共中央关于制定国民经济和社会发展第十四个五年规划和二〇三五年远景目标的建议》明确指出,要深入实施藏粮于地、藏粮于技战略,提高农业质量效益和竞争力。④ 有关农业技术快速发展的国家战略已逐步成熟,相关政策的顶层设计也日趋完善。

高新技术要真正落地,不能仅依赖政策扶持与资源投入,还必须立足实践、因地制宜,探索出一条中国特色的农业高技术发展之路。早在福建工作时,习近平就强调:"要积极探索一条适合国情、省情、县情,依靠科技进步和提高农民素质,花钱省、多办事和集中力量办大事的现代农业发展路子。"⑤农业技术水平的提高不是一件容易的事。一项在实验室成熟的技术,要在特定国家、地区得到推广,必须在多个维度上共同努力:其一要针对当地气候变

① 中共中央文献研究室编:《习近平关于科技创新论述摘编》,中央文献出版社 2016 年版,第 93 页。
② 习近平:《论"三农"工作》,中央文献出版社 2022 年版,第 218 页。
③ 习近平:《论"三农"工作》,中央文献出版社 2022 年版,第 293 页。
④ 《中共中央关于制定国民经济和社会发展第十四个五年规划和二〇三五年远景目标的建议》,人民出版社 2020 年版,第 21 页。
⑤ 中央农村工作领导小组办公室、福建省委农村工作领导小组办公室:《习近平总书记"三农"思想在福建的探索与实践》,《人民日报》2018 年 1 月 19 日。

化、生态条件对技术作出相应调整;其二要开展耕地、水、电、路等基础设施的配套建设;其三要针对广大生产主体开展技术培训,使其愿意接受新技术,并获得相关的技术知识;其四要通过行政或市场手段确保技术相关的农药、化肥等农资以及机械设备的有效供给;其五还要确保、证明新技术确实带来了产能提升与经济效益,使农民愿意为技术持续投入人力、物力。[1][2][3] 可以看到,农业生产的技术化不只意味着农业科技水平的提高,还需立足于国家、地区在政策、土地、人员、市场等方面综合情况,实现相关物资、人力资源的全方位保障配套。

我国是一个人口大国,人地关系较为紧张。2021 年公布的第三次全国国土调查显示,我国耕地面积为 19.18 亿亩,人均耕地面积仅有 1.36 亩,仅为世界平均水平 4.8 亩的 28%。2016 年开展的第三次全国农业普查显示,我国有农业经营户 20743 万,其中规模农业经营户 398 万,仅占 1.88%,小农户占 98% 以上;有农业生产经营人员 31422 万,其中规模农业从业人员 1289 万,仅占 4.1%,小农户从业人员占 90%;小农户经营耕地面积占耕地总面积的 70% 以上。因此,超广分布、超大面积、超多数量的小农户家庭经营仍是当前农业发展的主力军,是我国农业现代化需要长期面对的基本现实。

因此,我国农业技术水平要实现总体性提高,如何带动广大小

---

① 胡凌啸、王亚华:《小农户和现代农业发展有机衔接:全球视野与中国方案》,《改革》2022 年第 12 期。

② 苑鹏、丁忠兵:《小农户与现代农业发展的衔接模式:重庆梁平例证》,《改革》2018 年第 6 期。

③ 叶敬忠、豆书龙、张明皓:《小农户和现代农业发展:如何有机衔接?》,《中国农村经济》2018 年第 11 期。

农户实现高技术是一个关键问题。2022年,习近平总书记在四川眉山考察调研时指出:"推进农业现代化,既要靠农业专家,也要靠广大农民。"[①]同年,在《"十四五"推进农业农村现代化规划》所提出的推进中国特色农业农村现代化必须坚持的十个战略导向中,"引导小农户进入现代农业发展轨道"与"强化农业科技和装备支撑"赫然在目。

在农业现代化理论发展的百年历程中,小农户常被看作传统的、落后的,必将在农业现代化过程中被大机械、重资本的工业化农业生产所淘汰。[②] 客观上讲,小农户要有效承接高新技术、设备,实现生产的高技术化,至少面临以下四个方面的挑战:

其一,规模小,资源少。小农户经营规模小,经济实力弱,且缺乏有效的抵押担保物,融资能力明显不足。在引入新品种、新设备时缺乏必要的资金支持,持续投入和抗风险能力弱。

其二,改造提升动力弱。伴随工业化、城镇化的"虹吸效应",数以亿计的农村劳动力外出务工,转向非农产业就业。参考历年的《中国统计年鉴》,至2020年,我国第一产业劳动力数量已降至1.77亿人,较2002年的3.66亿人减少近2亿,平均每年减少1000万。结果就是,工资性收入在家庭收入中的重要性远高于从事农业的经营性收入,"种一年地不如打一月工"。加上农产品价格波动、种植成本快速攀升等不利因素,城乡两栖、工农兼业的小农户很可能缺乏动力去采用那些能够增产,但需要更多人力、物力投入的高新技术。

---

① 中共中央党史和文献研究院编:《习近平关于国家粮食安全论述摘编》,中央文献出版社2023年版,第51页。

② 谢文帅:《中国小农户和现代农业发展有机衔接研究》,吉林大学2022年博士学位论文。

其三,技术标准执行难。相较于空间、时间相对集中,工序相对清晰、透明化的工业生产,农业生产面向复杂有机的自然环境,生产步骤分散于一年四季的不同时节,产量受到多重因素的共同影响,具有时空弥散、工序多样、指标测度困难的特征。相比标准化程度更高的大农场,上述问题在小农户的生产过程中更为突出。小农户生产具有经验性、随意性,往往是"生产凭经验,销售凭运气",他们既缺乏动力,也缺乏能力以实验室标准对每一个生产步骤及其效果进行精准控制,也难以通过测量验证技术效果。一些成熟技术,往往陷入执行标准不充分——增产效果不达标(不明显)——农户对技术不信任的恶性循环,导致推广失败。

其四,技术服务难度大。分散的土地与较小的规模也阻碍小农户获得技术相关的社会化服务。农民专业合作社、农业产业化龙头企业、家庭农场等服务主体,都以追求自身经济利益最大化为目标。对接小农户,意味着他们要在前期获取市场、设备交通运输、后期沟通协调中承担更高的交易成本。因此,他们更倾向于为集中连片的大规模经营主体提供服务,而不愿将产能费力对接广大分散的小农户。

小农户有可能走向高技术吗?事实上,新中国成立以来,农业市场与农业技术条件的快速变化,为我国实现小农户的高技术之路奠定了结构性的有利条件。这主要表现为以下五个方面的优势:

经营体制优势:集体所有、权利分置是我国农村土地制度的基本格局。家庭承包经营从根本上保证了广大农民能够平等享有基本生产资料。在此基础之上双层经营体制在内涵和实践形式上的丰富、创新则有利于生产主体因地制宜,灵活引入先进农业技术以及其他现代生产要素,以适应不同的自然环境、农作物结构、市场条件。

政策支持优势:经历多年建设,我国政府正逐步建立一套完善可靠的农业支持体系。其一是设立了一系列负责农技指导、市场维护等农业相关工作的职能部门。其二是不断推动高新技术所必需的基础设施建设。其三是发展完善相关政策补贴体系,提高补贴水平,扩展补贴方式,优化补贴结构。

市场转型优势:21世纪以来,伴随城镇化快速推进,居民消费不断升级,绿色、健康的食品观念逐渐推广。小农户的分散经营对满足多样化市场需求,尤其是一些不适合大规模机械化的农产品,以及保护生态环境,培育高质量农作物,发展有机农业、绿色农业具有得天独厚的优势。

生产过程优势:工农兼业的分工方式使农村家庭能够在城乡之间理性安排家庭劳动力,难以进入城市劳工市场的人群仍然能够从事农业生产,提高家庭的劳动力利用水平,丰富家庭的收入结构。同时,小农户自主经营时有较高的生产积极性,愿意在一定的机会成本之下使可及的生产要素得到灵活运用,以自我监督替代雇工经营,有效克服企业规模经营过程中管理水平低下、管理成本过高的问题。

技术进步优势:伴随科技与相关产业的不断发展,无人机、一体式播种机等一系列节约农业劳动力、降低农业门槛的新型技术设备不断涌现。有效缓解了小农户家庭劳动力不足的困难。数字技术的发展亦拓宽了小农户获取信息的手段,使小农户能够更加方便、快捷地学习技术知识,获取技术服务。

可见,在当今中国,小农户走向高技术农业生产,既面临多重挑战,又具备多重优势,如何克服前者,发挥后者,必须在农业生产、技术引入的实践中寻找答案。伴随国家战略的整体推进与持续投入,我国农业生产的技术水平已取得长足进步。截至2020年,我国的农业科技进步贡献率已突破61%,农作物良种覆盖率超过96%,良种对粮食单产的贡献率超过45%,农作物耕种收综合机械化率超过71%,农田灌溉水有效利用系数达到0.565。农业技术水平的整体提高,小农户是其中的重要组成部分。未来,我国农业高技术的持续、深度发展,也离不开对小农户高技术发展之路的持续探索。

在此背景下,齐河县成为一个耀眼的成功案例。齐河县位于山东省德州市最南端,与省会济南相邻,总面积1411平方千米,人口70万余人,耕地面积126万亩,是山东省4个22亿斤以上超级产粮大县之一。齐河县地处黄淮海中强筋小麦、优质玉米优势产业带,粮食作物以小麦、玉米为主。至2022年,小农户占齐河县农业经营主体的95%以上,占耕地面积的80%以上。

在小农户占农业经营主体与经营面积大多数的基础上,齐河县的农业产能与农业技术水平提升成果斐然。2022年,齐河县粮食种植面积229.19万亩,总产28.75亿斤,实现"二十连丰",连续15年稳居全国超级产粮大县行列。高标准农田达到102.96万亩,占耕地面积的80%,永久基本农田90%建成高标准农田。节水灌溉面积达到84.9万亩,农田灌溉水有效利用系数提高到0.639。在20万亩集中连片"吨半粮"核心区小麦、玉米平均亩产分别高达693.91公斤、852.42公斤,全年亩产量达到1546.33公斤以上。测土配方施肥技术推广率100%、秸秆综合利用率97%以上。"全环节"绿色生产技术模式,包括水肥一体化、土壤改良、高效精准施药植保机械、农作物病虫草害绿色防控等技术在全县得到集成推广,2022 年实现农田灌溉用水总量零增长,化肥、农药使用量负增长。

齐河县的成功不是一蹴而就的。本书旨在以齐河县为案例,立足于与农业生产相关的政府部门、企业、合作社、家庭农场、农户等不同主体;耕作、播种、施肥、灌溉、除草、防病虫害、收割、加工、销售等不同生产环节,以及技术引入、技术培训、技术服务、技术获得等不同技术推广环节的全方位考察与全景式呈现,尝试探讨齐河县是如何在长期的粮食高产创建过程以及多元主体的综合互动过程中,克服挑战,发挥优势,有效对接、扶持、服务小农户,激活小农户的生产潜能,使全体小农户能够整体进入高技术水平的农业发展之路的。以期为未来的政策制定、地方实践提供参考。

二、高技术带动产能提升的齐河例证

齐河县粮食增产的奥秘,深藏于种、肥、水、药以及机械化水平提升这五大技术领域的协同发力之中。以下将从这五个方面详细剖析齐河县的成功经验。

(一)"种"——良种与播种工艺的革新

齐河县在种业发展上有着深厚的历史积淀与显著成效。新中国成立之初,齐河县便设立了种子站,开启了种子管理、检验与经营的先河。从集体化时期的"四自一辅"方针,到 20 世纪 80 年代的"四化一供"方针,种子供给体系不断优化,良种普及率从 1986 年的 42% 飙升至 2008 年的 100%。近年来,齐河县财政每年列支 1000 万元,联合科研机构与企业开展统一供种,2022 年,全县

70% 以上种子需求由政府统一供种满足,小麦优质良种统一供种率更是达到 100%。

播种工艺的进步同样令人瞩目。21 世纪以来,齐河县根据气候与土壤变化,将小麦最佳播期调整为 10 月 2—9 日,并逐步实现机械化播种。1998 年,小麦机播面积占比超 80%,2010 年,小麦播种机械化水平高达 99.8%,其中 80% 以上实现精播半精播,玉米播种也基本实现机械化。如今,农户在土地流转、承包时,会将土地调整为适配播种机的标准地块,同时依托拥有播种机的大户或合作社提供播种服务,以确保播种质量,保障粮食高产。

(二)"肥"——土壤改良与肥料使用的优化

齐河县的化肥使用经历了从无到有、从单一到多元、从传统到科学的转变。20 世纪 50 年代起,氮肥开始使用,60—70 年代施用面积与品种逐渐拓展。80 年代,针对土壤缺磷问题,大力推广磷肥;90 年代,配方施肥技术普及,氮磷比例协调,钾、锌等微量元素得到增施。21 世纪以来,"以产定肥,按需施肥"成为主要原则,配方施肥面积迅速扩大。

秸秆还田技术的推广是齐河县肥料使用的一大亮点。2000年后,在政府推动下,秸秆还田面积逐年增加。通过大型收割机切割秸秆、增施氮肥与腐熟剂等措施,加快秸秆分解,改善土壤有机质,使粮食作物增产 5%—10%。如今,机械施肥与水肥一体化、控释肥技术的应用,进一步提高了肥料利用率,使肥料利用率从过去的 30% 提升至 70%,为粮食高产提供了坚实保障。

（三）"水"——灌溉条件的持续改善

齐河县地处黄河优质水源地,自 20 世纪 50 年代后期起发展为引水灌溉区。从最初的大水漫灌,到 70 年代推广畦灌并优化畦田规格,再到 80 年代麦田浇水面积达 80% 以上,灌溉技术不断进步。90 年代后,灌溉水源逐渐转向地下水,通过修建水井等措施保障灌溉需求。近 10 年,在国家补贴下,机井管道建设升级,实现每 50 亩一口机井,为粮食丰收奠定基础。

科学浇灌技术的推广同样功不可没。政府倡导推迟春一水、浇冬水等精准灌溉方法,并推广镇压保墒技术,减少水分蒸发,提高灌溉效率,保障了粮食作物在关键生长期的水分需求,有效提高了产量。

（四）"药"——农药使用与病虫害防治技术的升级

面对多样的病虫害,齐河县从 20 世纪 70 年代后期起,由单一病虫防治转向综合防治。80—90 年代,不断引进先进农药与喷洒技术,并制定防治技术规范。2000 年以来,遵循"以防为主,综合防治"方针,推广抗病虫品种,实现种子包衣,使用高效、低毒、低残留农药,降低防治成本,提高药效与环保性。

病虫测报与植物检疫工作日益精准。21 世纪以来,通过多种方法开展病虫情预测预报,短期预报准确率长期保持在 90% 以上。近 5 年,强化绿色植保服务能力,实现全县统防统治,日作业能力达 20 万亩,覆盖率达 100%,农药使用量下降 1.3%,主要农作物农药利用率达到 43%。如今,农户通过多种渠道及时获取病虫情预报与农药配比知识,借助机械化服务主体完成打药工作,实现了病虫害防治的省力化与高效化。

(五)机械化水平的提升——农业机械化的跨越发展

农业机械化是齐河县粮食增产的关键支撑。改革开放后，小型动力机械与人畜力田间作业机械得到发展。1986年起，耕翻、灌溉等作业项目机械化程度不断提高。1995年后，大中型农业机械发展迅速，农业生产的各个环节逐步实现机械化与半机械化。进入21世纪，高科技含量的作业机械与生态型农业机械化技术大面积推广，粮食生产中的耕种收机械化水平显著提升，到2023年，全县农机保有量达7.7万台套，总动力197万千瓦，农作物耕种收综合机械化率达到99.76%。

以整地为例，从20世纪60年代以前的人拉牛耕，到1964年村集体使用拖拉机开启机械化进程，再到如今全面实现机耕，机械化水平的提升极大节约了劳动力，使农户能够从繁重的体力劳动中解放出来。如今，多数农业劳作环节通过政府统一供给或承包给社会化服务主体完成，一对60岁以上的老夫妇借助社会化服务也能经营大规模农场并实现高产。

总之，在种、肥、水、药以及机械化水平提升这五大技术领域的协同作用下，齐河县粮食作物种植的集约化程度不断提高，复种指数持续增长，1998年全县平均复种指数达170.6%，2005年为184.5%，2010年更是高达194.5%。这一成绩的取得，离不开土壤、水利、机械设备等相关生产要素的持续完善与总体配合，更离不开齐河县政府与群众的长期持续努力。正是这种全方位、多层次的技术革新与要素协同，推动了齐河县粮食产能的持续提升，使其成为我国粮食增产的典范。

三、农业生产高技术创建的重点、难点

本节将结合相关理论、政策与农业生产实践,探讨我国农业生产技术水平的整体提升过程中正面临三个方面的关键问题:一是如何经由政府引领,推动农业技术升级;二是经由社会化服务主体的技术搭载机制何以构建;三是如何调动广大分散的小农户进入农业高技术生产。

(一)政府主体的技术引领

政府在农业生产与技术引入过程中承担了关键性、决定性的引领职能。政府的重要作用可能体现在以下四个方面:

其一,政府是基础性、全局性制度的供给者。农业现代化的过程,不仅是现代生产要素持续注入的过程,更是相关制度体系在因地制宜的农业生产与技术引入过程中不断成熟化、定型化的过程,前者是后者的最终目标,后者则是前者的根本依托。技术引入必须适应于自然环境、市场环境、经营体系、组织体系等多层次的复杂环境。可能遭遇的障碍与问题必然对制度体系的系统性、协同性提出更高的要求。政府必须综合利用法律、政策、行政等多重治理工具,在强化政府在保障粮食安全、保护农民权益、健全市场体系,解决好技术相关的要害问题的同时,也要避免政府的大包大揽和对市场的不当干预,真正建立起一套完备、稳定、高效的农业制度与政策体系。

其二,政府是相关基础设施的建设者。技术推广所必需的相关基础设施的配套,只有在政府的大力投入和统一规划下才有可能得到有效供给。这种基础设施包括道路、电、水、气、网、物流、环保、应急保障等多种门类,涉及政府内部的多个部门。地方政府不

仅需要尽可能多地承接相关建设项目,还需要在政府内部形成有效的协同配合机制,总体规划、重点突破,从而在降低成本的基础上提升基础设施建设效能。

其三,政府是相关支持政策的供给者。政府通过推广培训、项目承包等技术推广方式,以及直接补贴、价格支持、收入保险等政策补贴方式,对接企业、合作社、农户等多元主体,使后者得到技术推广所必需的技术与资金支持。为提高相关政策实施的精准性、有效性,政府需要立足实际,统筹调配政策资源,对主产区的重点区域、产业链的重点环节以及从业人员中的重点群体进行定点帮扶。既要明确政策与项目的发包、验收、退出程序,也要确保政策的稳定性与可持续性。

其四,政府是多元服务与生产主体的协调者。政府通过政策扶持、标准监管等形式,引导建立多元主体共同受益的分工合作与利益联结体系。既要将需要规模经营、专业化经营的项目、资源向专业化服务主体倾斜,推动其生产服务水平的不断提高;也要尽可能将增值收益、就业岗位向广大小农户倾斜,确保其基本权益。政府要成为生产合作中的合作连接者、矛盾调和者以及规范建立者,充分发挥多元生产主体的积极性与优势特点。

(二)服务主体的技术搭载

2017年10月,党的十九大报告明确提出:"健全农业社会化服务体系,实现小农户和现代农业发展有机衔接。"[①]小农户在整地、播种、施肥等多个环节实现高技术生产,都依赖企业、合作社等

---

① 《决胜全面建成小康社会 夺取新时代中国特色社会主义伟大胜利——在中国共产党第十九次全国代表大会上的报告》,人民出版社2017年版,第32页。

社会化服务主体提供专业化服务。2022年,齐河全县共培育农民专业合作社、家庭农场、种粮大户等新型农业经营组织、农业社会化服务组织2800余家,综合托管率达到91%,年社会化服务面积900万亩次。组建专业化植保服务组织35家,年统防统治面积达到200万亩次以上。可以看到,社会化服务主体在小农户实现高技术生产的过程中承担了重要的职能,这些职能主要表现为以下三个层次:

首先是沿产业链的技术引领带动。以强资本、大规模的龙头企业为代表,服务主体在市场中占据优势地位,便能够基于市场整体的生产链、信息链、价值链整合相关资源,采用引入新型设备、开展技术研发等方式,带动农业产业链中各个门类、各个环节技术水平的提升。相关市场主体需要在政府的规范与引导下,发挥市场主体的经营优势与技术优势,加快产业链整合与技术扩散。

其次是服务过程中的技术水平提升。以农业机械合作社为代表,专业化的技术服务主体能够成为小农户家庭生产的有效补充,切实帮助小农户提高农业生产经营收益和效率。同时,专业化服务主体能够借助社会化服务的生产模式实现特定环节的规模集中,为引进新型、大型技术设备,培育、储备专业化技术人才,统一技术服务标准创造有利条件[①]。

最后是提高小农户的有效组织与技术水平。近年来,农村集体产权制度改革的不断深化以及农村集体经济组织的重建升级为提高小农户组织水平与技术接纳能力提供了新的历史机遇。以村集体领办合作社为代表,以合同契约、集体参股、生产分包等多种

---

① 孔祥智、楼栋、何安华:《建立新型农业社会化服务体系:必要性、模式选择和对策建议》,《教学与研究》2012年第1期。

方式,强化农村集体经济的组织能力、服务能力,从而兼顾农业经营过程中的规模化、技术化水平提高与小农户的有机参与。小农户组织化程度的提高,能够有效降低生产经营成本,稳定收益预期,拓宽融资渠道,强化小农户接纳新技术的意愿与能力。

并且,社会化服务主体在助力小农户技术水平提高的过程中,仍需在实践中处理好以下三个方面的问题:其一是服务主体如何通过政府培训、市场引进等方式获取高新技术,如何基于政策、经济扶持拓宽技术人才储备,如何在生产过程中将技术优势转化为经济效益。其二是如何处理好与其他层次、类型市场主体、服务主体间的承包、合作、竞争关系,形成一个收益共享、技术共建的发展联合体。其三是如何处理好与农户间的关系,如何将自身的技术优势与小农户的农业生产需要充分结合,优化与小农户的沟通机制,协调与小农户间的收益分配,使服务主体与农户间的良性合作能够长期维系。

(三)分散小农户的技术提升

小农户还将在我国长期存在,只有将小农户纳入现代农业发展轨道,不断提升小农户整合现代生产要素、接纳高新技术知识、发展现代农业生产的能力,才能实现农业产能提升与农民增收的齐头并进,最终实现农业现代化。这一过程包括以下四个重要方面:

首先,是小农户自身的技术水平提升。如前所述,小农户因为规模小、资源少、改造提升动力弱等原因,采用新技术的能力与意愿较低。要推动小农户融入现代农业生产体系,帮助小农户以现代生产要素替代传统生产要素,接受现代经营理念、技术装备、科学知识。要充分发挥先进主体的示范带头作用,使小农户能确实从技术进步中看到增收空间,进而提升小农户参与农业生产、接纳高新技术的积极性。

其次,是高新技术如何匹配小农户家庭分工。小农户决定是否接纳技术,并不计算所投入的人力、物力的绝对成本,而是计算同等人力、物力用于外出务工的机会成本。这就导致一些能够带来增产、增收的高新技术,因为不匹配农户家庭的分工结构而没有得到农户采用。考察小农户高技术生产如何实现,要着重关注特定技术模式是如何通过政府、企业、合作社、种粮大户的多元推广、服务,经过物质条件、人力条件、组织方式的不断调整,最终适应于小农户的家庭分工与要素配置组合,最终得到广泛接纳的。

再次,是小农户如何对接多元技术服务。在整个农业产业链中,小农户往往基于生产过程的前端位置,且经营主体分散,个体规模较小,因此在面对市场时往往议价能力有限,在产业利益分配过程中处于劣势。小农户需要与企业、合作社、种粮大户等多元服务主体联结,获得产前、产中、产后的全过程服务,并且与服务主体之间建立资源共用、风险共担、利益共享的良性合作,才能真正实现多元主体间生产要素的最优化配置,从实践中发展出真正有利于技术落地、产能提升、收益共享的联合生产机制。

最后,是分散的小农户如何实现标准化、规范化的高技术农业生产。现代生产要素的引进与农业技术水平的提高,必须以实现一定规模的标准化作业为前提。无论是大型机械的引入,还是品种选择、农药喷洒、收割仓储等技术环节得到高质高效的实现,都需要以统一、科学的标准作为指导,并形成针对小农户以及社会化服务主体的技术标准,使分散的小农户的农业生产能够得到有效的协调和整合,多元社会化服务主体针对小农户的技术服务能够得到完善的支持和监管。

中国式农业现代化是人类农业发展史上的一次伟大探索。农业技术水平的提高是一个长期、艰巨的过程,前期投入大,限制因素多,回报周期长。需要依托农业高新技术的快速发展,在政府主体、市场主体、小农户主体的多元互动、长期实践中逐步摸索出一条真正能够引领当代小农户克服障碍、发挥优势的高技术发展之路。本书的主题,便是在面对多元、复杂的自然环境、市场环境、生产模式、农户家庭经济情况时,齐河县是如何在长期的建设、发展过程中,作出种种尝试与调整,克服种种困难,最终带动占耕地面积80%以上的小农户实现农业高技术生产的。

本书将关注齐河县粮食高产创建的实践历程,基于翔实的调研与资料,聚焦政府、企业、合作社、农户等多元主体以及技术引入、技术推广、技术服务、技术实践、技术规范化等不同阶段,全景式展现齐河县农业技术水平提高的发展历程与实践机制。为我国的农业现代化转型呈现一个有故事、有深度、有意义的扎实个案。

第一章　先进农业技术发展的政府支撑

从世界历史进程看,推动创造出世界上最为灿烂的农业文明的动力主要来自农耕国家内部。这种动力不是那种瞬间的"爆发力",而是一种可持续的制度化动力,其中就包括内生性的政府能力和调适性的国家治理。[①] 已有研究和一般性的认知也对政府对农业技术创新的作用做了充分的阐释。本章将结合已有的典型研究,分析齐河县政府技术发展领导主体地位确立的必要性和必然性,并重点考察齐河县政府在农业技术发展过程中施行的"有为"举措。

第一节　集中领导与技术引入

本节重点讨论在多元主体关系中,齐河县政府如何确认自己的角色并建立起基本的秩序格局,并参照齐河县农业产能创建工

---

① 徐勇:《历史延续性视角下的中国道路》,《中国社会科学》2016 年第 7 期。

作的变迁历程,以透视地方农业产业发展的历史性脉络。

一、集中领导格局的搭建

齐河县政府作为地方农业技术发展的支点与桥梁,始终坚持政府在农业技术创新发展中的主体地位,集中领导各类经营主体与社会公益主体,建设起了一条政府集中领导、企业带头创新、社会广泛参与的技术创新路径,才有了齐河县农业技术的全面提升。

农业技术进步的实质是农业的资本化。农业资本从何而来?从宏观来看,国家在农业投资层面毫无疑问发挥着重要的作用,主要是通过基础设施的投资、农业科技研发的支出、支援农村生产支出和农业事业费。这些投资在 2010 年总共达到 8580 亿元。[①] 农业技术作为一种准公共产品,由政府协调资源进行供给是相对合理的,齐河县政府历来也是如此践行的。同时,农业科技的投资必须以政府为主体,私人企业对农业科技的投资与政府投资呈互补关系。在政府投资基础研究的前提下,并在较为健全的制度保障基础上以及具有较为雄厚的实力的条件下,私人农业科技企业才得以产生并发展。[②]

齐河县政府在具体执行时,又从农业发展的不同维度明确了政府的三种角色。

一是作为主导者进行指导规划与基础设施建设。农业发展主导产业以及功能区规划等都需要政府以历史为基调,合理筹措、发挥宏观战略职能,扮演主导者的角色。齐河县以玉米、小麦为主

---

① 黄宗智、高原:《中国农业资本化的动力:公司,国家,还是农户?》,《中国乡村研究》2013 年。

② 黄季焜、胡瑞法:《农业科技投资体制与模式:现状及国际比较》,《管理世界》2000 年第 3 期。

体,围绕各生产环节出台相应方案,如《2023 年齐河县玉米绿色高产高效单产提升行动实施方案》《全国粮油等主要作物大面积单产提升行动实施方案(2023—2030 年)》《齐河县 2022 年耕地保护和质量提升项目实施方案》《齐河县 2022 年化肥减量增效项目实施方案》《2023 年齐河县加快建设绿色优质高效农业强县实施方案》等。在各类方案中,齐河县政府均突出强调了农业技术的建设方向。同时,齐河县加大资源整合,指导建设现代产业园,并于 2021 年成功进入国家农业(粮食)现代产业园建设名单。截至 2021 年,齐河县政府作为农田基础设施建设与投入的主体,县财政累计投资就高达 10 多亿元,实施绿色优质高产高效创建工程,大力开展了农田路网、林网建设,全县农村配套机井保有量突破 1.5 万眼,全县粮田林网覆盖率达到 100%,农田有效灌溉率达 95% 以上,基本实现了田成方、林成网、渠相连、路相通、旱能浇、涝能排。

二是作为服务者提供农业技术服务。一方面,齐河县作为技术供给者持续强化农业科技服务:集成推广小麦"七配套"、玉米"七融合"等绿色高产高效技术,关键农技到位率达到 100%;与山东省农科院共建"吨半粮"技术研究中心,聘请中国农业大学、山东省农科院等 22 名专家担任技术顾问,组建起 150 人的农技服务队,把科学农技送到田间地头;深入推进现代种业提升工程,列支专项经费实行统一供种,优质粮种普及率达 100%。另一方面,齐河县政府大力建设技术发展平台,激活社会技术创新活力:通过与行业龙头金来种业开展合作,建成 3.5 万亩良种繁育基地,5 年实现粮食自主研发品种全覆盖;积极发展粮食标准化种植,在全国率先发布小麦、玉米质量安全生产标准综合体县市规范,与中国农科院、山东省农科院等共建小麦、玉米国家质量标准中心,全力抢占粮食标准化生产制高点。

三是作为管理者开展监督与管理认证工作。齐河县为了提高农业生产的规范度，一方面不断打假，保障农产品质量，另一方面加强"三品一标"产品的认证，以政府信用为农产品建设赋分。2020年实施全县食用农产品合格证制度项目，配合省市抽检农产品样品155批次，县级自测600个，抽检合格率100%。加大农业执法力度，扎实开展春季农资打假行动、动物卫生监督执法检查等活动，出动执法人员694人次，出动执法车辆198车次，检查农药经营门店341家，兽药经营门店18家，种子经营门店198家，化肥经营门店153家，饲料经营门店53家，兽药生产企业8家，农药生产企业3家，抽检化肥300批次，查处涉农违法案件7起，罚款67200元，没收违法所得770元。加强"三品一标"认证，新增绿色食品6个，无公害农产品4个，完成80万亩绿色食品原料标准化生产基地续展认证，新增省级知名农产品企业产品品牌2个、全国名特优新农产品3个。

总之，从宏观层面讲，政府担当起主导者、服务者与管理者的角色，其本质就是健全政策体系、完善机制体制，构建后期合作中各要素充分互动所需的创新环境。从微观层面讲，政府功能主要体现在与被管理主体及要素间的互动关系上。在已有的创新平台上，政府自身不断完善公共基础设施和提供公共服务，向外因地制宜、多样化地提供给企业和技术合作伙伴政策优惠，同时保障技术的质量、规范技术的应用场景，能有效激活农业技术的创新活力。

二、粮食产能建设的变迁

粮食生产一直是国家战略发展中的重要一环，党中央历来也重视粮食生产工作,并出台了一系列指导意见。但是粮食作物属于大宗农作物,粮食又是一种战略性物资,粮食收购价格不仅受粮食生产成本的影响,还受国际市场价格、粮食与畜禽产品价格比以及社会消费者承受能力等多方面的影响。限于我国人多地少的国情,全国绝大部分地区粮食作物种植规模难以有大的突破,种植粮食作物的直接收益难以实现高效,即种植粮食作物难以实现耕地"非粮化"所达到的高收益。在此情况下,各地耕地"非粮化"整治效果难以长期维持,一旦放松管控,就有可能再回"非粮化"。① 因此,地方政府粮食产能建设工作能否落到"实处"是决定工作成效的重要因素,也是地方粮食生产差异的主要原因。齐河县也是真正地将政策"坐实"了才迎来了粮食生产的累累硕果。

齐河县将政策落"实"的最主要表现就是在农业生产领域长年的耕耘与积累。总的来看,齐河县的农业发展可以分为四大阶段:2008 年之前,以农田整改为中心,适度提升农业机械化水平,再总结生产技术;2008—2014 年,开展粮食高产创建活动,主要推进整建制高标准农田建设;2015—2021 年,推进粮食绿色高质高效创建工程,突出绿色发展;2021 年至今,推进"吨半粮"生产能力建设,全面提升农业产能。从其历史发展的过程来看,齐河县粮食产能建设具有深厚的历史积淀,并呈现出鲜明的变迁特点。

(一)建设目标:从增产到高产高效

总的来说,齐河县农业生产至今经历了两大发展阶段。2008 年之前,齐河县以农业增产为主要发展目标;2008 年后,齐河县以

---

① 陈印军:《我国耕地"非粮化"整治成效、困难、问题及对策建议》,《中国农业资源与区划》2023 年第 9 期。

高产高效为发展目标,"绿色"生产逐渐成为政府农业工作的关键词,并注重降本增效。

增产时期,齐河县着力改善农业生产条件,提升农业机械化水平,更新农业技术以提高单位产量。由于历史上黄河改道与频繁决口,造成齐河县地形起伏,高坡、洼地交错,地形地貌复杂,加之年度、季度间降水严重不均,低洼积水,地下水位升高,加之黄河侧渗影响,抬高地下水位,导致齐河县土壤盐碱化严重。1962年土壤普查,全县盐碱地面积55.3万亩,其中:轻度的18.8万亩,中度的19.4万亩,重度的17.1万亩。1980年第二次土壤普查,全县盐碱地面积下降到44.48万亩。在土地条件先天不利的情况下,齐河县从多个方面着手,提高产量。一是整改土地。新中国成立以来,县委、县政府领导全县人民,不断兴修水利,改造盐碱涝洼沙荒薄地,进行农田基本建设和中低产田开发。特别是实施了农业引用外资项目、黄淮海平原农业开发、农业综合开发等建设项目以及商品粮、优质棉生产基地的建设,有效地改善了农业生产条件,提高了抵御自然灾害的能力,促进了农业的增产增收。二是引入优质化肥、农药。齐河县化肥使用量大幅度增加,1952年全县亩平均年施用化肥量不到1公斤,但到20世纪80年代已发展到50公斤。2000年以来,平均每亩耕地年施用化肥均在100公斤,微肥的施用也因地制宜逐步推广。农药实现了从无到有,从单一的杀虫剂,到杀虫剂、杀菌剂、除草剂、植物生长调节剂等一应俱全。三是引入各类机械。1995年之前,齐河县农业生产以小型机械为主。1995年,全县86.3%的农户拥有拖拉机、柴油机和农用三轮车等机械。1999年,农业生产环节基本实现机械化和半机械化。进入21世纪,大型、专用、复式(联合)作业等高科技含量的作业机械发展迅速。2008 年,全县拥有各类作业机械 11.33 万台套,涵盖了农业近 70%的作业项目,其中与大型动力配套的作业机械 1.67 万台套,粮食生产中的耕种收机械化水平为 84.7%。

增效时期,齐河县着眼于亩产高产创建,同时推进绿色生产和降本增效技术发展。增产时期已为粮食高产打下了良好的基础,齐河县在此基础上持续推进粮食产能建设。一是推进整建制高产建设,整体提升齐河县产能建设水平。2008 年,德州市在全国率先提出开展粮食高产创建活动,并在齐河县先行试点建立了 3 个万亩示范片。2009—2010 年,县财政筹资 5000 多万元,集中打造了 5 万亩高产创建核心区。2010 年,为配合做好整建制推进粮食高产创建示范县的工作,齐河县启动了 10 万亩粮食高产创建核心区高标准粮田建设工程,在核心区建设的基础上,全县规划了 50 万亩示范区、50 万亩辐射带动区。各乡镇均建立了万亩示范片。2015 年正式启动了农业部 80 万亩绿色增产模式攻关高产高效示范区建设工程,其中 30 万亩为核心区;二是用好降本增效技术。围绕控水、控肥、控药"三控"目标,集成推广"全环节"绿色生产技术模式,推广水肥一体化、土壤改良、高效精准施药植保机械、农作物病虫草害绿色防控、秸秆还田等技术,实现农田灌溉用水总量零增长,化肥、农药使用量负增长。同时投资 5 亿元在全县建设 16 处粮食产后服务中心,建设智能化恒温粮仓、粮食烘干塔 33 座,实现粮食从地头直接烘干入库,年节粮减损 7000 吨以上。依托全县各类新型农业经营主体和 1885 名农机手,加强机收减损作业技术培训,全县小麦、玉米收获环节损失率分别降到 0.8%和 1.5%以下,分别低于国家规定作业质量标准的 1.2%和 2%,全年可节粮 3 万吨;三是加强培育多元服务主体和信息化建设,大力培育提供农业社会化服务为主的各类经营性主体。同时搭建信息化平台,在2019年制定了《齐河县信息进村入户工程整县推进实施方案》,加强服务主体与服务对象的链接。截至2023年,齐河县金穗粮食种植专业合作社在500亩高标准农田新建设的地埋式喷灌设备投入使用。新设备可实现一个人管理500亩地,大大提高了灌溉保证率和水资源利用率。

(二)建设内容:坚守战略发展目标

齐河县在粮食产能建设过程中,始终坚守耕地红线,并以农田水利基本设施建设和良种培育为工作的核心开展建设。

守住耕地红线,防止耕地"非粮化"。2009—2019年,全国有约17.5亿亩耕地净流向林地和园地,加上开挖鱼塘、种草皮、建设农业设施,以及转向其他非粮作物种植,10年间全国损失粮食作物播种面积估计约2亿亩,损失粮食产能0.8亿吨,相当于2020年全国粮食总产量的12%;而根据中国农业大学专家分析,我国耕地"非粮化"率约27%,以此估算10年间全国损失粮食作物播种面积3000万公顷,损失粮食产能1.7亿吨,相当于2020年全国粮食总产量的25%。① 2020年11月国务院办公厅发布了《关于防止耕地"非粮化"稳定粮食生产的意见》;2021年1月中央一号文件再次强调要坚决遏制耕地"非农化",防止"非粮化"。自此,全国各地启动了耕地"非粮化"整治行动。② 齐河县历来严格落实耕地保护制度,建立了3445人的田长队伍,联动监管、从严执法,严

---

① 陈印军、易小燕:《我国耕地"非粮化"整治成效、困难、问题及对策建议》,《中国农业资源与区划》2023年第9期。

② 张惠中:《山东省耕地"非粮化"空间格局分异特征及其影响因素研究》,山东农业大学2023年硕士学位论文。

守 129.74 万亩耕地,划定永久基本农田 113.25 万亩,近年来耕地面积增加约 4 万亩,实现了耕地数量保护、质量提升的全面突破。

农田建设从整改到提质。无论在农业发展的哪个阶段,齐河县一直重视农田(含水利)建设。2011 年之前,齐河县农田建设以土地整改为主要目标。首先是改良土壤。20 世纪 80 年代以后,随着农村经济快速发展,开始多措并举,改善土壤结构,提高土壤肥力。通过治涝改碱、井灌改碱、种稻改碱、淤泥改土、综合治理、项目治理等方式进行治理。截至 2010 年,成方连片的盐碱沙荒土地已不复存在,土壤理化性质大大改善,保水保肥能力显著增强,土壤养分含量明显提高。其次是培肥地力。80 年代以前,因条件不足,成效甚微。80 年代后,通过不断采取措施,取得明显效果。90 年代,随着平衡施肥、配方施肥技术的大力推广,土壤肥力和施肥效益大大提高。2000 年以来,综合生产能力和施肥技术水平不断提升,使县内土地的土壤肥力已经基本满足农作物优质高产的需求。最后是注重水利配套。齐河县一直以来就重视灌溉设施建设。20 世纪 70 年代后,引黄灌溉大力发展。80 年代,麦田浇水面积达到了 80% 以上。进入 21 世纪以来,随着引水灌溉设施的配套,机井的大力发展,"以井保丰,以河补源"水利格局完善。2007—2011 年,农田水利建设全面铺开,投资 5 亿多元,实施了小农水项目、中小河流治理等七大项重点水利工程,农业生产条件持续改善。2010 年全县有效灌溉面积扩大到 90 万亩,占耕地面积的 71.5%,保证了农业的高产稳产。2011 年开始进入高标准农田建设阶段。高标准农田是土地平整、集中连片、设施完善、农田配套、土壤肥沃、生态良好、抗灾能力强,与现代农业生产和经营方式相适应的旱涝保收、高产稳产,划定为永久基本农田的耕地。

2011—2021年,齐河县累计建成高标准农田86.9万亩,形成了30万亩粮食绿色高质高效创建核心区、80万亩示范区。2022年,齐河县投资3.9亿元新建高标准农田20.3万亩。

良种从自育到科学协同育种。良种对农业产量提升具有显著作用。20世纪50年代,农民使用的种子均为田间选种。采用就地选种、就地繁育、就地推广和群众自愿互换为主的品种改良方针。20世纪60—70年代初,小麦等常规种子,以引进推广为主。在此基础上,以生产大队、生产队为单位,每年组织提纯复壮。玉米推广使用杂交种,玉米双交种、三交种繁育程序复杂,以引进推广为主,面积很难扩大。玉米单交种推广使用后,齐河县县内20世纪80—90年代每年安排一定制种面积。20世纪70年代,群众科学种田积极性空前高涨,开始创建科学试验生产队,全县24个公社相继成立了种子站,繁种育种工作是科学试验生产队和公社种子站的主要任务之一。20世纪70年代后期,齐河县种子站及焦庙、贾市、大张等公社种子站开始建立种子繁育基地,1986年,农作物种子实行专营,县种子站及公社(乡镇)种子站为经营主体。1996年9月,在原县种子站基础上成立齐河县种子集团公司,21个乡镇设立分公司,负责全县种子生产、供应及销售服务工作。2000年成立齐河绿丰种业有限责任公司,2001年,种子实行知识产权保护和生产许可制度,县内不再自繁自育玉米种子,但繁育基地一直进行育种实验。2001—2012年,种子种类多样,经营主体数量激增,种子市场空前繁荣。但种子市场也一度出现混乱局面。出售假冒伪劣种子、坑农害农时有发生,使农业生产蒙受损失。县农业执法大队采取集中整治与规范管理相结合、取缔惩戒与普法教育相结合的治理策略,拉网清理、逐一规范、重点打击、全面教育。使种子经营逐步向合法化、正规化转变。2012年,齐河县为保障种子质量,由县农业农村局进行统一供应良种。2016年,山东省登海种业、河南省金博士种业两大种业公司来齐河县投资,建立"玉米科学研究院"。2020年引导齐河县县管公司齐源绿季农业集团有限公司与山东省金来种业有限公司签订《齐源绿季、金来种业合作协议》成立种子合资公司,2021年加强与山东农业工程学院、山东省农科院、山农农业大学等科研院所合作,成立小麦、玉米产业研究院,建设国家主粮(小麦、玉米)食物营养科技创新中心,建成育种智能温室,开展全新小麦玉米优质品种培育、评价与推广,建设国内领先的协同创新育种中心,培育具有自主知识产权的粮食品种。引导以齐河县绿丰种业有限责任公司、济南鑫瑞种业科技有限公司等良种繁育企业开展自育品种试验,建设粮食品种展示示范田,完善种子市场营销、技术推广、信息服务体系,为产业园粮食绿色高质高效创建提供新品种、新技术的展示与选择平台;开展小麦胚芽提取、戊聚糖开发技术实验等,推进主食工业化及功能性食品的开发。

(三)建设路径:从分散制到整合制

农业建设项目在县域内整合。项目是国家资源向地方输入资源的一种常规路径,常常是围绕特定建设目标由国家设定建设领域、建设方向、建设成果并投入相应的支持资金。齐河县2023年的相关财政预算当中,总支出2.24亿元,项目支出1.88亿元,占83.87%。项目治理已成地方的常态,但是能发挥好项目的优势正是齐河县农业发展的智慧所在。

一方面,齐河县致力于推动单个项目建设内容从单一化到多元化整合。最开始,单个项目内容建设相对单一,常常无法匹配地方建设发展的实际需求。如在1982—1995年,齐河县农业项目以水土整改为中心。世行贷款灌溉项目一期从1982年持续至1992年,包括开挖疏浚小支流河道、干沟、农沟,平整土地、兴建各种建筑物,建设机井、改造盐碱地、开垦利用荒地,以扩大农田灌溉面积。1988年,齐河县启动黄淮海平原农业开发项目,主要包括三部分内容:一是荒地开发利用,采取引黄淤改、挖池抬田、平丘造地、截碱除涝、造林封沙等措施,开发粮田;二是中低产田改造;三是兴修水利,通过挖沟修渠、修建桥涵闸、建设机井,以改善灌溉条件。但在后续的发展中,各级政府均推进综合治理,齐河县政府也更加倾向于申请综合类的农业项目。如在1996—2008年,齐河县各项目在水土整改基础上拓展到育种、机械化、施肥等内容。商品粮生产基地建设从1995年开始,以农田水利、良种繁育、农业机械化为主要内容,基地建设由农业、水利、农机三部分组成;世行贷款灌溉项目二期从1999年持续到2002年,建设内容以水利为主,同时含平整和深翻土地、更新种子加工公司基础设施和乡镇农技推广服务站设备;2003—2005年,齐河县积极实施农业综合开发项目,含水利建设、中低产田改造、机耕与配方施肥、土壤改良、机耕生产路修筑、良种基地和优质小麦生产基地建设;世行贷款灌溉项目三期从2006年持续至2009年,包括水利、土壤改良、平整土地和深翻深松土地、平衡施肥、秸秆还田。

另一方面,齐河县政府积极推进多个项目在县域内整合,实现整体推进。以"吨半粮"建设为例,"吨半粮"实际上是以一个建设的旗帜,将各类建设项目均囊括其中,提出了六大工程建设目标:高标准农田提升工程、耕地地力提升工程、现代种业提升工程、增产技术模式集成推广工程、现代农机装备提升工程和科技服务网络提升工程。同时,齐河县做好整合配套措施,每年拿出 1 个亿用于"吨半粮"建设,在财政资金上进行整合支持;组建专门的工作组,涵盖县域各相关部门,在组织上进行整合支持。齐河县推进多个项目在县域内的整合有相对显著的好处。一是以一个大的项目名称落地能迅速形成 IP 效应,放大项目宣传效果,齐河县几乎人人皆知政府这几年农业工作的中心就是建设"吨半粮"。二是利于打破条块之间的隔膜,实现内部力量重组,减少重复建设的同时提高工作效率与质量。

农业技术向整合标准化推进。一方面,齐河县不断加强综合性农业技术的总结与推广。以玉米栽培技术为例,大致可分为 4 个阶段。在前两个阶段,各类栽培技术全面提升,齐河县相对更加注重农民作为生产主体的经验,同时积极探索数据化的技术指标。第一阶段是传统栽培技术为主的阶段,时间在 20 世纪 50 年代及其以前。其中 50 年代开展爱国丰产运动中重视总结农民经验,奖励创高产,推广增施肥料、选用良种和增加播种密度、灌溉、治虫等措施,使常年亩产恢复发展到抗日战争前的丰年水平。第二阶段是以玉米生育规律为依据,改进栽培技术的阶段,时间大致从 20 世纪 60—80 年代中期,许多重要的技术改革,如高产玉米土壤养分指标、玉米施肥的合理养分比、品种选择、合理密植、夏玉米适时套种、按叶龄指数适时追肥及追肥量的分配比等,都在这一阶段推广应用。后两个阶段,齐河县更加注重农业整体,力求推进农业技术的规范化和普适化。第三阶段时间大致从 20 世纪 80—90 年代末,齐河县进入高产综合配套技术大面积开发和规范化、模式化栽培探索阶段。第四阶段是 2000 年后,齐河县主要推广了以"一增三改"为主的玉米综合增产技术。

另一方面,齐河县积极推进农业技术标准化建设。2015年齐河县制定了《山东省齐河县小麦、玉米质量安全生产标准综合体县市规范》和《山东省齐河县小麦、玉米生产社会化服务标准综合体县市规范》。在规范当中,齐河县重点推广了小麦的统一良种供应、秸秆还田、测土配方施肥、深耕深松、宽幅精量播种、浇越冬水、一喷三防、病虫害统防统治"八统一"技术以及玉米的种植高产耐密品种、宽垄密植+合理增密、抢茬机械单粒播种、测土配方施肥、"一防双减"、适期晚收、机械收获"七配套"技术。该综合标准体系以30个相关国家、地方标准为依据,规定了齐河县小麦、玉米种植社会化服务综合标准化建设术语、区域划分、发展目标、建设内容、技术要求、综合服务和建后管护等方面的内容,适用于小麦、玉米质量安全生产建设规划、初步设计、实施方案等文件编制以及建设、评估和验收。同时,齐河县推进标准化管理,60家农业龙头企业开展了农产品质量可追溯试点,实现了农产品全链条可追溯。农业技术标准化建设将使农业技术更适应普适性的发展需求,同时,也为保障社会服务组织服务质量提供了根本依据。

三、外部科技力量的引入

现代农业技术是现代科学技术和现代理论的结晶,它是指农业以外的要素在农业中的运用,一般并非由农民本人,而是由经过训练的专家发明的,其中大量的理论与实践是超出农民的经验的。就新设备和其他要素而言,它们也常常是在农业部门以外的现代工业部门中生产出来的。[①] 当下,农业技术呈现出高科技、高资本的"双高"特性,极大地提高了技术创新的成本。因而,农业技术创新的主体和范围也日益超越地方,成为必须跨区域、跨领域才能合作成功的实践,地方农业的发展必须重视技术的引入。但是谁来引入? 如何引入合适的技术? 这是本节主要探讨的问题。

(一)政府作为引路者

从具体的实践来看,政府作为科技力量的主要引入者有其合理性。一方面是基于农业技术的地区适应性和与之相伴的风险性,小农户一般不愿意耗费时间、精力去计算技术引入的性价比,而相对大规模的种植户一般是乐于吸收新的技术,并常常主动引入新的技术,但是囿于农田实验变量的复杂性,也常常会掩盖重要技术惊人的生产力;另一方面,现代农业技术呈现出高资本、高科技发展态势,技术引入的成本增加,回本时间延长,且新旧技术转换成本也较高,是小农户家庭消费策略的排除对象。而大型农业企业虽能在最初的阶段引入相对高成本的技术,但也需要政府的资格认证、信用认定,因而也是政府进行技术筛选的过程。

齐河县历来重视农业技术的引入,县管齐河绿丰种业有限责任公司在 2004 年就开始代理安徽丰乐、隆平高科两大种业玉米种加工业务。同时,公司一直与科研部门、大专院校保持着紧密的合作关系,取得了较多的科研成果,并成为齐河县农业技术革新的先锋力量。齐河县农业科学研究所自 1976 年 3 月建立以来,主要开展科学试验,承担全县农作物、园艺、蔬菜等方面的科研任务及新

---

① 林毅夫、沈明高:《我国农业技术变迁的一般经验和政策含义》,《经济社会体制比较》1990 年第 2 期。

技术、新品种的试验推广。同时,积极引入先进农业技术,为选育优良品种以及大面积推广种植提供翔实可靠的技术依据。

(二)双线引入生产技术

由于不同地区资源条件的差异,农业技术的变革有两种不同途径:"节约劳动型"技术变迁和"节约土地型"技术变迁,前者主要涉及发展机械技术以代替劳动投入,后者主要涉及发展生物化学技术以提高土地生产率。[①] 事实上,农作物基因技术、农业化工和农业机械领域的创新,共同构成绿色革命的主要内容。高产、适合化肥投入的作物品种,是绿色革命的关键,也是跨国农业资本改造农业的主要工具。[②] 但是,以高产种子、化肥、除草剂等为代表的生物化学创新技术能够吸纳劳动力和节省耕地,能够被任何规模的农户所使用;而农业机械化(拖拉机、播种机、脱粒机、联合收割机等)则是对劳动力的替代,适用于规模农业,需要大量的资本投资,只有大规模农场才能使用和获益。[③] 因而对技术的引入也是对地方发展智慧的考验。

一方面,积极引入能够提高土地生产率的普适性的生物农业技术与适应农业生产的机械技术。自 20 世纪 60 年代以来,齐河县就不断引入优质农药、化肥,对粮食产量提升发挥了重要作用。与农药、化肥并行的是对优质种子的长期追寻。目前,来自山东莱

[①] 张建雷:《技术的组织逻辑:B 县农业产业转型的过程分析(1986—2016)》,《中国乡村研究》2021 年第 1 期。

[②] 陈义媛:《农业技术变迁与农业转型:占取主义/替代主义理论述评》,《中国农业大学学报(社会科学版)》2019 年第 2 期。

[③] 焦长权、董磊明:《从"过密化"到"机械化":中国农业机械化革命的历程、动力和影响(1980—2015 年)》,《管理世界》2018 年第 10 期。

州以研发人李登海命名的"登海605"是目前山东省最主流的玉米品种,已经推广近15年。目前齐河县有80%的玉米品种都是"登海605",被称为齐河县的当家品种,其余20%则是为了错开收割时间和避免过于单一化种植带来的风险。"登海605"具有活秆成熟、抗病虫害、抗倒伏、高产和增产潜力大(玉米粒大、棒心细)等优点。这个品种的引进工作是由齐河县政府农技部门推进的。"登海605"品种抗倒伏、活秆成熟的优点与机械化收割高度适配。在引入"登海605"之前,齐河县最常见的玉米品种是"郑单958"。之所以"登海605"能够替代"郑单958"成为当家品种有两个主要原因:第一是"登海605"的产量比"郑单958"高出10%,第二是"登海605"相较于"郑单958"更加适配于大规模的机械化作业。总体而言,通过引入高产耐密品种"登海605",玉米产量能够提升将近10%。根据农办工作人员总结,"登海605"在齐河县的试验田亩产能达到800公斤,大公司或种植大户的亩产能达到900公斤,一般农户的亩产能达到700公斤。齐河县玉米的"粮王"亩产能够达到1000公斤。同时,齐河县自2012年起就始终坚持统一供应良种,充分保障良种的技术供应。

在引进生物农业技术之外,齐河县坚持引进相对适用于小农户生产的机械。自20世纪80年代以来,齐河县大力鼓励购买农业机械。随着土地的相对集中,各类大型机械层出不穷,但存在无法适应齐河县小农户生产的问题。为了整体提升小农户的技术获得水平,消除大型农场与小农户的技术壁垒,助推齐河县农业的整体技术发展,齐河县在2016年左右就引进无人机进行"统防统治",每年由政府制定预算保障相应经费,通过招投标的形式与经营性组织达成协议,进行划片防治,实现县域内全覆盖"一喷三防"和"一防双减"。无人机飞防省力省药又省时,不仅让小农户搭上了技术发展的快车,获得了单位产量的增长,更是巩固了齐河县域的粮食生产基础。相对而言,齐河县政府对适应小农户生产的普适性技术更为青睐,并通过补贴购买服务等形式迅速推广技术。但是对大型农机的引入则谨慎得多,主要依赖市场经营性主体依据社会化服务市场情况进行选择,尽量不做行政干预。

另一方面,重点引入能够节约劳动力的生物技术与机械适配的农业发展技术。随着农业的建设,现代农业技术的发展方向早已从独立发展过渡到融合发展阶段。无论是农业化工领域,还是农业机械制造领域都转而开发新的产品,使之与生物技术的创新更好地融合,各领域的产品互相依赖,以便于其资本积累。① 齐河县在近几年的技术引进中,最大的收获就是引入了种肥同播技术。齐河县玉米的种肥同播技术是在 2015 年左右开始引入并推广的,在 2017 年左右被普遍采用。种肥同播指的是玉米种子和化肥同时播入田间的一种操作模式,用专业的种肥同播机器一次性施入底肥的同时播下种子,后期不用间苗也不用追肥。一方面一次性完成三个步骤,该项技术可以极大地节省人力;另一方面极大地节约了劳动时间,解除了土地对劳动力的间歇性束缚,使当地的劳动力更为自由;同时,种肥同播相比于传统的"一撒了之"更加精准,更能节省种子;另外,种肥同播基础下,齐河县普遍采用"控释肥"。控释肥是采用聚合物包衣的肥料。普通的肥料施入土壤后,前期释放快导致养分过量,植物在短期内无法完全吸收,造成大量的养分蓄积在土壤中,容易挥发、下雨淋湿、渗入地下、土壤固

---

① 陈义媛:《农业技术变迁与农业转型:占取主义/替代主义理论述评》,《中国农业大学学报(社会科学版)》2019 年第 2 期。

定,所以肥料平均利用率只有35%,而后期又缺乏养分。控释肥实际上是把前期的用不上的养分节约拿到后期供应给植物,同时减少了淋失、微生物的分解和土壤固定,相当于一点一点不停地给植物喂肥。因此,肥料利用率能达到70%左右,近根使用最高能达到80%以上。有了控释肥之后,旧有的追肥和分阶段施肥的工作大大减轻了,除草方面也只需要在播种前和播种后各打一次除草剂形成"封地"的效果即可(不让杂草长出地表)。农技人员将这种低管理成本的耕种方式称为"七分种三分管"。种肥同播之后,玉米的株距从20—60厘米间隔播种,到25—30厘米等距离播种,目前1米内能够种植3—5株。种肥同播技术的引入具有革命性,是农业化工与农业机械完美融合的结果,不仅极大地节省了人力、种子和肥料使用量,更节约了播种时间,延长了农作物的整体生长时间,能从整体上显著提升粮食产量。

(三)多元引入技术主体

齐河县为推进农业技术创新,积极引入大型农业企业。齐河县农业科学研究所于2006年,就引入山东省农业实业集团金种子农业科技发展有限公司,培育各类优良种苗500万株。齐河县2009年6月至2011年10月连续三年承担安徽丰乐种业公司的夏玉米品种对比试验,累计参试品种达100多个,为选育优良品种以及大面积推广种植提供翔实可靠的技术依据。2016年,引入山东登海种业、河南金博士种业两大种业公司来齐河投资,建立"玉米科学研究院"、打造品种展示示范田、建设华北地区种子加工集散中心和全国一流的新型农业社会化服务公司。2020年,山东万康食品有限公司、北京芯农科技集团有限公司和国家食物与营养咨询委员会办公室签订《齐河县省级现代农业产业园小麦功能性科技研发中心项目三方战略合作协议》,在齐河落地开展合作;同年引导齐河县管公司齐源绿季农业集团有限公司与山东金来种业有限公司签订《齐源绿季、金来种业合作协议》成立种子合资公司。

齐河县政府积极与高校、研究所等科研机构合作,搭建科研平台。齐河县2019年实施粮丰工程项目。依托国家重点研发计划"粮食丰产增效"专项,与省农科院等科研院校联合在焦庙周庄实施了粮丰工程项目,省农科院批准在齐河县设立作物博士科研工作站。当年,齐河县农业农村局(乙方)还与山东省农业科学院作物研究所(甲方)和山东省齐力新农业有限公司(丙方)签订了《共建粮食绿色高质高效齐鲁样板合作协议书》,由甲方提供技术保障,乙方和丙方提供科研支撑保障。2020年,齐河县农业农村局先后与山东省农业可持续发展研究所签订《齐河国家农业绿色发展先行区长期固定观测试验站共建协议》、与农业农村部环境保护科研监测所签订《农业绿色发展长期固定观测试验站建设技术支撑服务协议书》等。

除与企业与科研机构等合作之外,齐河县大力引进高层次农科人才。截至2023年7月,齐河县与山东农业大学共建山东农业大学德州(齐河)小麦产业研究院,吸纳全国小麦产业领域12位院士和国家杰青等知名专家学者齐聚齐河县,共谋小麦产业高质量发展实施路径。与山东省农科院共建小麦玉米周年"吨半粮"技术研究中心,借助省科研人才力量推动粮食生产向高端、高质、高效转型。建设黄河流域(山东)现代农业科学城,依托省科协资源优势和纽带作用,组织院士专家,整合黄河流域科技力量,打造院士工作站、博士后工作站以及高层次人才创业基地。联合山东农业大学、山东农业工程学院、河南农业大学等30家以上科研院所、高等学校和单位,发起设立黄河流域现代农业科学技术研究院理事会。

如上所述,齐河县确立起了以政府为集中领导主体的技术发展格局,是提升农业技术资本和科技水平的有力支撑。

第二节　组织体系与政策体系的配套搭建

在农业技术发展过程中,政府如何发挥作用?从国家层面来看,资金的投入与科研教育机构的设立是政府对农业技术发展的主要支撑路径。但从县级政府来看,又有哪些举措能有效促进技术的发展呢?齐河县如何把政策"落实"是本节的关注点。

一、健全组织体系,渐进式规划发展

基于政府在农业发展中的重要作用,政府组织体系的搭建就至关重要。要发挥好县级政府的作用,就要最大化地将人组织起来,同时能相对科学地规划。

(一)党委牵头健全组织体系

中心工作模式是目前县域治理的有效模式,齐河县一直将粮食产能建设置于中心工作地位,并积极落实工作责任。而中心工作伴随着县域治理三个组织机制的展开:一是县级政府统筹领导权的启用,即将特定治理任务从部门负责变为县委领导负责,并成立相关领导小组或委员会。这些机构由县委领导直接负责,享有

协调动员各县职责部门与乡镇政府的权能。二是确立牵头部门。中心工作时间紧、任务重,牵扯部门众多,需要牵头部门具体处理中心工作推动各项事务,并为领导提供信息咨询与决策依据。一般来说,牵头部门就由该任务原属的职能部门担任,以便于任务推进与归口管理。三是纳入成员单位,确立该项工作具体落实的主体,一般包括相关的职能部门与乡镇政府。由此,对特定治理任务的履行也就获得了服从县级政府组织领导的政治内涵,并成为全政府部门的工作。① 三个组织机制的具体展开如下。

一是建立多级协同责任机制。根据 2021 年《中共齐河县委齐河县人民政府关于开展"吨半粮"生产能力建设工作的意见》要求,齐河县坚持顶层设计、顶格推进、鼎力投入,把"吨半粮"建设作为重大政治任务,书记抓粮、党政同责,建立起三级协同推进机制:

第一级:建立农业农村部种植业管理司、省农业农村厅、市农业农村局、齐河县人民政府四级联创共建体系,组织协调、督导落实"吨半粮"创建工作。

第二级:县级层面成立由县委书记、县长任双组长的"吨半粮"生产能力建设指挥部,负责全面统筹协调和安排部署创建工作,并成立由县委、县政府主要负责同志任组长,县委副书记、分管副县长任副组长,县直有关基层工作主要负责同志、各乡镇(街道)党委主要负责同志为成员的工作领导小组,明确领导核心。同时建立县乡领导、农技人员包田块制度,确保"吨半粮"创建区每块田有人管,家家户户有人进行技术指导。另外,县里成立督导

---

① 仇叶:《部门工作"中心化":县域条块关系的重组及其治理后果》,《经济社会体制比较》2023 年第 2 期。

工作组,对各乡镇(街道)创建工作开展督导考核检查,及时解决存在问题,推动各项措施落实。

第三级:乡镇层面建立相应工作机制,逐级压实工作责任。坚持书记带头、层层压实责任,建立县、乡、管区、村四级书记抓"吨半粮"创建工作机制,按照县级干部和乡镇党政正职不少于1000亩,乡镇班子成员和管区、村支部书记不少于100亩的标准,设立县、乡、管区、村四级"指挥田"13万亩,实行县级干部包乡镇、乡镇干部包管区、管区干部包村、村干部包地块责任制,县抓万亩高产片、镇和管区抓千亩示范方、村抓百亩样板田。各乡镇(街道)建立相应工作推进机制,将"吨半粮"创建工作纳入重要议事日程,列入"一把手"工程,切实做好"吨半粮"创建组织领导、资金整合等工作。

二是建设"一把手"工程,明确党政责任。通过将粮食产能建设与考核挂钩,提高各级政府的重视程度。齐河县委、县政府始终把抓粮食生产作为推动乡村产业振兴的首要任务,主要领导同志亲自推动。县委一号文件、县委县政府重点工作,把粮食生产摆上突出位置,将粮食生产纳入全县综合考评体系,重点督导考核,严格兑现奖惩,形成了一级抓一级、层层抓落实的完善的责任体系,保证了粮食生产工作的稳步推进。同时,建立起乡镇考核机制,压力与奖励并重,进一步激活乡镇工作的积极性。将"吨半粮"创建工作列入全县经济社会发展年度综合考核体系,研究制定考核办法,对年度考核优秀的乡镇(街道)予以表扬奖励,在财政扶持、涉农项目等安排上予以重点倾斜;对敷衍塞责、推进措施不力、成效不明显的降低考核档次。

三是纳入成员单位,责任到岗、到人。以"吨半粮"创建工作为例,在 2021 年 11 月 17 日《中共齐河县委 齐河县人民政府关于开展"吨半粮"生产能力建设工作的意见》(以下简称《意见》)中依托各部门原定职责内容明确各部门在"吨半粮"中的责任。《意见》要求各级各部门把"吨半粮"创建工作作为一项政治任务抓牢抓实,全力以赴落实好各项创建任务。发展改革部门加大国家政策项目争取力度,抓好各类支农项目整合;人社部门大力引进农业科技人才,积极对接专家团队,做好人才服务保障工作;财政部门加大资金投入力度,列出专项资金支持"吨半粮"创建活动;农业农村部门科学规划,精心组织,围绕良种良法配套、农机农艺结合,抓好优良品种、关键技术推广和高标准农田建设,落实相关增产措施;水利部门加强水利工程建设,加大农业灌溉用水保障力度;科技部门做好科研成果转化;气象部门加强高标准农田气象保障工程建设,为"吨半粮"生产提供精细化气象监测服务和人工影响天气防灾减灾支持。自然资源、生态环境、电力等部门各尽其责,发挥作用,做好相关工作。

《2023 年齐河县"吨半粮"生产能力建设方案》中按照县委要求进一步将责任落实到人、到部门,县级由县委常委、副县长负责,同时县级各相关部门负责人牵头,涉及发改局、财政局、公安局、农业农村局,宣传部、文旅局等。各乡镇则始终作为"吨半粮"建设的实体责任单位负责落实本区域内的建设任务。

(二)因时制宜因地制宜规划

齐河县在"吨半粮"建设之初就聘请专业团队,根据全县城镇发展规划、土地利用总体规划、农业空间布局规划等相关规划,结合粮食绿色高质高效创建,对全县高标准农田进行整体高标准规划,按照先核心区、后辐射区的原则,分批推进实施。确定了 3 年建成 50 万亩"吨半粮",在全国率先建成大面积"吨半粮"示范区的目标,并在 2021 年制定《关于开展"吨半粮"生产能力建设工作的意见》。

坚持"因地制宜、以点带面、梯次推进"的工作思路,逐步在空间上扩大建设范围。优先选择基础条件好的村庄分区域开展"吨半粮"产能建设。在焦庙镇、刘桥镇、祝阿镇、华店镇、胡官屯镇、仁里集镇 6 个乡镇集中连片打造 30 万亩"吨半粮"核心区,分区域、分步骤实施,同时带动 65 万亩单产 1200 公斤以上的辐射区。在后期逐步推进建设的过程中,齐河县也秉承"不重复建设"的原则,逐步扩大项目受惠面积。在《2022 年度齐河县粮食绿色高质高效行动实施方案》中,齐河县政府的科学规划性体现得淋漓尽致。齐河县聚焦粮食(小麦、玉米)作物,集中开展攻关区、示范区、辐射区"三区"建设,虽然同时推进,但是"三区"建设各有侧重。

首先是在发展目标上,齐河县对"三区"设置了更具针对性且符合实际的建设目标。攻关区力争实现小麦平均亩产 700 公斤、玉米 800 公斤,大豆玉米带状复合种植的,大豆亩产不低于 120 公斤、玉米亩产不低于当地当季平均水平,区内作物平均亩产要高于本县该作物平均亩产的 25%;示范区力争实现小麦平均亩产 600 公斤、玉米 700 公斤,大豆玉米带状复合种植的,大豆亩产达到 100 公斤、玉米亩产不低于当地当季平均水平,区内作物平均亩产要高于本县该作物平均亩产的 15%;辐射区内作物平均亩产要高于本县该作物平均亩产的 10%。

其次是"三区"的建设内容。攻关区结合党政领导"吨半粮"

生产能力指挥田建设,以"深挖单产潜力、带动均衡增产"为核心目标,在培肥地力、品种选择、秸秆还田、深翻整地、规范化播种、机械镇压、肥水运筹、病虫害防治、防灾减灾、机收减损等各个环节充分挖掘粮食作物单产潜力,集中打造一批小麦、玉米以及大豆玉米带状复合种植的高产示范典型;辐射区大力推行统一良种供应、统一肥水管理、统一病虫害防控、统一技术指导、统一机械作业的"五统一"服务。加强生产主体培育,不断提高规模化和社会化服务水平,辐射带动大面积均衡增产,推进产业融合发展,提升价值链、延长产业链。

二、资金配套支持,激活发展潜力

农业技术创新离不开有关资金的支持,资金的有效运转决定着农业技术能否顺利地推行。财政支农能有效整合农业领域的创新资源,提高要素的利用效率,进而促进农业技术创新产出和效率的双提升,以集约式路径实现技术创新的高效益增长。[1] 近年来,我国财政对农业科技的投入量占财政总支出不到10%,而且还呈现出下降趋势,导致我国农业的健康发展得不到保障。[2] 同时,财政资金的利用效率低、政府承担了较高的补贴责任等也是当前财政资金使用存在的显著问题。[3] 面对这些普遍性的资金使用问题,齐河县如何破解?

---

[1] 马春艳、龚政、李谷成:《政府支持、FDI 与农业技术创新——基于产出与效率的双重视角》,《农林经济管理学报》2020 年第 1 期。

[2] 陈国庆、龙云安:《发展不充分与农业科技创新补齐机制及对策研究》,《科学管理研究》2018 年第 3 期。

[3] 田辉:《农保补贴政策应朝"增力度、调结构、提效率"方向调整》,《中国经济时报》2014 年 11 月 27 日。

（一）增强预算支持，保障资金投入力度

齐河县始终保障农业的财政资金投入力度。2022年，齐河县涉农支出8.25亿元，增长11%；土地出让收入用于农业农村支出6.5亿元，占比17.8%。畅通金融支农源头活水。2022年，全县涉农贷款158.3亿元、余额247.7亿元，分别增长21.1%、22.21%；落实政策性农业保险补贴政策，粮食和生猪保险覆盖率分别达到91%和35%。在齐河县农业农村局2023年度一般公共预算支出中，农林水预计支出2.16亿元，占整体总预算支出3.44亿元的62.65%。其中农田建设支出6360.22万元，位居第一位，农业生产发展3748.99万元，位居第二位。而在农林水预算下，1.56亿用于农业农村项目支出，其中涉及农业技术创新、应用与推广的高达1.21亿元：2019年、2020年、2021年和2022年高标准农田建设项目资金分别为800万元、820.62万元、330万元、4409.6万元，农产品监管检测经费128.39万元、2023年农业绿色发展先行先试支撑体系建设实验经费45万元、2021年农业生产社会化服务资金984万元、2021年粮棉油绿色高质高效项目514万元、2022年粮油绿色高质高效项目210万元、2023年"吨半粮"建设——全县小麦统一供种1000万元、2023年"吨半粮"建设——农作物病虫害防治资金2724万元、齐河县"吨半粮"建设——农机设备更新补贴资金859.83万元。另齐河县农业农村局预算1.2亿元用于2022年高标准农田建设，该项资金全部来自政府非税收的政府性基金预算中的国有土地使用权出让收入安排的支出。

相较而言，齐河县粮食种植单亩投入在180元以上。同地处华北平原并同为商品粮基地建设的安徽省阜南县2023年农林水

支出预算仅 0.46 亿元,覆盖粮食种植面积 241.35 万亩耕地,单亩投入约 19 元,因而小麦亩产最高也仅停留在 480 公斤左右。当然,财政资金的投入并不必然带来粮食的丰收,还需要考虑资金的使用效益。但是,在农业资本化的今天,缺少投入肯定很难有产量的突破性提升。

(二)整合补贴资源,推进技术落地发展

齐河县为了助力粮食发展,整合县域内各类涉农项目资金余额,同时积极向上争取项目资金支持,持续优化补贴项目内容,着重用财政资金投入驱动农业技术的实践性推广,如良种统一供应补贴、植保补贴、农机购置补贴与农技推广,助推农业技术发展。同时,齐河县利用财政补贴加强应急保障,确保粮食产量。

在农用机械推广方面,自 2014 年起,齐河县就开展强农惠农项目,每年净投入资金都在 3000 万元到 4000 万元,涉及整建制高产创建、全程社会化服务、良种补贴、测土配方施肥、新型农民培训、小麦"一喷三防"、玉米一防双减等项目;2022 年投资 5 亿元在 15 个乡镇建设 16 处烘干塔及配套粮仓,新增粮食储备 19 万吨,日烘干能力达到 1.08 万吨,在全国产粮大县中率先实现烘干仓储设施乡镇全覆盖。同年,齐河县获国家农机补贴资金 1225 万元,补贴农机 640 台,落实县级农机设备更新补贴 763 万元,补贴农机 393 台,带动农机购买投入 6764 万元。

(三)善用补贴策略,提升技术创新效率

由于政府财政资金的稀缺性特征,使如何提高政府用于农业技术创新补贴资金的使用效益成为政府需要解决的一个现实问

题。现在已有研究发现了三类补贴策略能较明显地提高财政补贴效益：一是补贴顺序。研究表明，相对于事前补贴而言，事后补贴更利于农业类公司未来技术创新。[①] 二是补贴对象。我国对农业科技的投入更多倾向于非生产部门，会严重打击生产部门的积极性，挫伤农业生产部门的生产动力。[②] 三是补贴的独立性。研究发现，要提高农业技术创新补贴资金的使用效益，政府的最佳选择是鼓励企业与农户间的合作。[③]

齐河县对提高财政效用也有独到的经验：一方面采用先认定，再奖金鼓励补助的形式提高技术创新部门的积极性。对引进和新认定的国家级、省级企业科技创新平台，发挥作用明显的，按照企业税收增长率，分别给予最高100万元、50万元奖励；对首次通过成功申报认定的国家高新技术企业，给予最高30万元一次性奖励；对新创建的山东省院士工作站、国家级重点人才工程专家工作站，每个给予30万元补助；对列入国家级、省级农业科技成果转化项目，给予配套支持；对新认定的市级以上农业科技示范基地，给予10万元的资金补助。另一方面，齐河县加大对生产部门的财政支持，在2023年的县级预算当中，农业农村事务预算9.21亿元，其中行政4313万元，另有505万元用于一般行政管理事务。而齐河县农业农村局2023年农业农村预算1.83亿元，其中行政运行2912.57万元，另有179万元用于一般行政管理事务，为农业生产部门提供了充分的财政保障。

---

① 张翅:《政府补贴的技术创新激励效应——来自农业上市公司的证据》,《农业技术经济》2020年第1期。

② 陈国庆、龙云安:《发展不充分与农业科技创新补齐机制及对策研究》,《科学管理研究》2018年第3期。

③ 卢东宁:《农业技术创新的政府补贴策略研究》,《农村经济》2011年第10期。

（四）撬动社会资金，激活社会运转活力

政府的作用不应该仅仅限于扩大农业科技资金投入，同时还要鼓励非政府部门积极参与农业科技研发，充分发挥非政府部门在农业科技研发中的作用，积极引导各类民间资本等非政府部门资本参与到农业科技研发中。政府部门要切实为非政府部门做好相关保障措施。优化农业科技资金的使用效率需要发挥政府的统筹协调作用，引导资金流向能够创造更多利益的农业技术领域。①齐河县始终高度重视生产关系对生产力的反作用力，勠力依托农业社会化服务组织打好组合拳。齐河县的农业社会化服务组织接近 500 家。为鼓励包括它们在内的新型农业经营主体，县财政每年拿出 2000 万元资金，补贴良种推广、新技术运用、大型农机具购置等环节。如果政府投入 2000 万元，就能撬动社会化服务组织投入农业 6000 万元，对整个农业的投入增加了，全县农业因节本增效就能增收 2 亿多元，是政府投入的 10 倍。同时，从 2017 年开始，齐河县与山东省农担公司合作，积极开展农业担保试点工作，成立了专门的工作机构——山东省农担公司齐河办事处，建立了"政、银、担"合作新机制，大力推广"鲁担惠农贷"业务。山东省农担公司、县财政和合作银行按照 6∶2∶2 的比例分担风险，共同为农业经营主体提供融资担保，县财政为此安排 1000 万元建立风险基金，从根本上解决了农业贷款"难、贵、烦"的问题。构建"政、银、担"合作新机制，持续优化银担合作模式，实施流程再造，30 万元以下农耕贷实现秒批，50 万元以下项目当天即可完成审批，100

---

① 陈国庆、龙云安：《发展不充分与农业科技创新补齐机制及对策研究》，《科学管理研究》2018 年第 3 期。

万元以上项目缩短至 5—7 天。贷款不再"难、烦、贵",这是不少农业经营主体选择"鲁担惠农贷"的主要原因。截至 2022 年 5 月,全县累计为 1791 户农业经营主体提供担保贷款 10.35 亿元,其中,2022 年新增贷款业务 260 笔,担保贷款金额 1.5 亿元。

三、全面配套建设,承接技术落地

技术的落地需要配套措施的支撑。技术的落地不仅仅关乎土壤肥力等自然要素,同时其他生产要素和生产关系的适配性也是必须考虑的对象。比如 20 世纪 80 年代,国家扶持政策的激励和农机化先进技术推广应用,激发了农民购置和使用农业机械的积极性。但是机械作业项目涉及耕种、运输、灌溉、收割、脱粒、粮食粉碎等,性能简易、技术含量低,作业程序和方式受传统影响较大。多数大中型农业机械因不适应农村经营形式被闲置,保有量呈下降趋势。对此,齐河县积极调配土地等生产要素、理顺多元生产关系,为技术落地生根培育"沃土"。

(一)土地适度规模化,保障项目用地

现代农业技术发展的前提是土地规模化。但是中国大多数地区土地资源呈块状式分布,耕地细碎化问题严峻。耕地细碎化使农田的空间分布复杂,既难以实现对农田环境、作物生长、资源消耗、碳排放、碳汇等数据的实时监测和分析,也难以实现对水、肥、药等要素的精准控制和管理。[①] 而且"碎片化"的土地承包使单个农户缺乏从事技术创新活动的有效激励,农业企业、合作社等农业

---

① 何可、吴昊、曾杨梅:《"双碳"目标下的智慧农业发展》,《华中农业大学学报》2023 年第 3 期。

生产经营组织规模普遍偏小,经济实力不强,缺乏消化吸收高水平农业科技成果的能力,也没有形成高层次科技成果的自主创新链条,农业科技创新活动的参与度不高。①

齐河县土地建制以分散化为主。小农户是齐河农业生产的绝对主力。根据齐河县的相关统计,2020年拥有耕地10亩以下的农户数97227户,占总户数的62.15%,2022年拥有耕地10亩以下的农户数94693户,占总户数的60.15%,低于10亩以下的小农户总数和占比略有下降但相对不显著。为更好推进农业技术进步与发展,齐河县在2021年建设农业(粮食)现代产业园时,就规划出一块地作为全域绿色食品原料(小麦、玉米)标准化生产示范基地,占地面积30.75万亩。

齐河县为了更加广泛地推行土地适度规模化,积极引导承包地经营权有序流转。一方面,继续根据不同地区的自然经济条件、农村劳动力转移情况,鼓励当地农户依法、自愿、灵活采取转包、出租、互换、入股等方式流转承包地,实现农民内部因集中连片生产而形成规模经济,进而提高农业生产效率和碳减排效率,如家庭联营股份合作制,在坚持土地集体所有权和农民承包权基础上分离土地经营权,按照"联户经营、土地入股、按股分红、核算透明、利益联结、科技支撑"原则,将土地承包权转化为股权,由"家家有地"变为"户户有股",经营权交由合作社,实行科技统领、农资统供、农机统配、病虫统防、品牌统建和产品统销"六统一",利润分配保障"三个利益",兼顾集体、承包者和经营者三方,实现农业增产增效和农民增收;另一方面,创新承包地流转方式,采取"倒包

---

① 陈慧女、周伫:《中国农业科技创新模式变迁及策略选择》,《科技进步与对策》2014年第17期。

返租"的方式,即村委会按照企业对土地质量的需求向农户租赁土地,进而减少农业企业的社会合作成本。

规模化更利于降低技术成本,同时也更加利于技术创新。齐河县金穗粮食种植专业合作社理事长袁本刚介绍说:"我们托管服务的规模越大,议价能力就越强,管理成本就越低。据我们测算,每增加1000亩,就能节省成本6000元,这些都是我们的盈利空间。"无人机和大型农耕机械作业的前提就是"地成块",一般至少要有10多亩紧挨在一起的土地无人机才愿意打药。

在适度规模化的基础上,齐河县充分保障农业项目用地。农业现代化伴随着农业场地的相对集中,尤其是集中式的储存场地和晾晒场地。齐河县为保障大型农业企业和合作社的用地需求,充分发挥政府资源整合优势,协调保障项目用地。一是对符合土地利用总体规划和城市(镇)总体规划的农产品加工用地,优先纳入土地利用计划。二是齐河县积极争取省级乡村产业发展用地政策,统筹新增建设用地指标和挖潜指标,保障农业项目用地。盘活利用现有闲散土地支持乡村产业发展,在税费、土地使用指标等方面落实"一企一策"扶持政策。三是加大用地补贴,降低企业成本。严格控制农村流转再利用的土地指标,对确定需优先发展的产业且用地集约的项目,出让底价可按照不低于所在地土地等级相对应《全国工业用地出让最低价标准》的70%执行,出让价格高于土地成本的部分,通过政府奖励等方式补助企业。

(二)培育经营性主体,搭建服务体系

传统农业向现代农业的转型,实质上是农业生产的核心要素从土地、水等自然资源向科技和人力资本转变的过程。而这一转

变过程的顺利运行,一方面需要培育多元的农技推广服务主体;另一方面,需要农场、林场、牧场、渔场、水利工程管理单位和农业科技示范园区面向社会开展农业技术推广服务。所以当前迫切需要明确农业科技创新主体的地位。不仅包括科技人才这一自然人形式,而且包括科技人才与农民组建的农业公司、农民合作社等法人形式。[①] 新型农业经营主体在现代农业科技领域的突飞猛进中发挥了不可替代的作用,在农业技术采纳和成果转化方面具有显著优势。一是其生产方式相对高端,拥有较为先进的智能化、机械化农业生产设备;二是不断拓展经营领域,关注产品的生产、加工、包装、销售以及市场评价和反馈;三是其利用多种渠道进行融资,资本运作灵活高效;四是其规模性和效益性能够起到鲜明的示范引领作用,对带动小农户与现代农业有机衔接意义重大。[②]

在齐河县,由各类经营主体组成的数量庞大而成体系的社会化服务体系正是先进农业技术落地的传送带,有效提升了技术转化率。其一,齐河县积极推动新型农业经营主体高质量发展。重点培育家庭农场、农民合作社等新型农业经营主体,着重鼓励新型农业经营主体利用物联网、大数据、人工智能等现代信息技术,实现农田管理、农机作业等环节的智能化、精准化、高效化,减少化肥、农药、能源等投入品过量使用。其二,支持新型农业经营主体之间、新型农业经营主体与小农户之间开展联合经营,齐河县按照"国企+乡镇联合社+党支部领办合作社+新型经营主体+农户"联农带农模式,全县发展农民专业合作社 1267 家、家庭农场 418 家、

---

① 吴喜梅:《论政府在农业科技创新中的职能》,《人民论坛》2012 年第 20 期。
② 李学兰、戴春园、穆天祥:《安徽省新型农业经营主体技术采纳意愿影响因素分析——以环境友好型农业技术为例》,《黄山学院学报》2023 年第 3 期。

种粮大户1493户;同时,齐河县着力依托现代化企业提高科学技术的转化率。据统计,目前我国每年登记的农业科技新成果达3000余项,但转化率仅为40%,其中,真正形成规模的不到30%,大多数成果停留在理论上。① 而提高我国农业科技发展水平不仅需要增强农业科技研发能力,还要将农业科技成果应用到农业生产的实践中。政府应加大支持力度以促进农业科技成果的转化体系建设,可以与高校、农业科研机构以及涉农企业相互合作,建设一批农业科技园区。在园区内部,各参与方可以进行农业科技成果的试验,为大量的中小型企业、农民提供技术示范和培训。② 农业技术合作平台,即农业科技园,是目前加速农业技术创新的最常见载体。③ 齐河县大力加强农业现代园区建设,并在2021年成功进入国家农业(粮食)现代产业园建设名单,并构建起"一心一区一带一基地"的发展格局。其中排在首位的"一心"即科技创新与研发中心,突出强调了科技创新力量在产业园建设中的重要地位。该中心位于焦庙镇,辐射华店镇南部、刘桥镇北部。重点打造产学研融合示范、创新创业孵化、农技推广与服务、良种繁育等板块。同时,齐河县加强企业奖励创新,催动提升科技转化率。不断完善农业科技成果转化保障机制,鼓励科研人员和农技推广服务人员采取兼职取薪、停薪留职等方式;重点支持科技人员开展商业化科技创新和技术推广工作,促进科研成果转化、权益分享,着力激发

① 陈慧女、周佋:《中国农业科技创新模式变迁及策略选择》,《科技进步与对策》2014年第17期。

② 陈国庆、龙云安:《发展不充分与农业科技创新补齐机制及对策研究》,《科学管理研究》2018年第3期。

③ 张陈莲:《农业技术合作平台建设中政府角色的演变逻辑》,《市场周刊》2021年第12期。

科研人员创新热情。

与此同时,齐河县着力搭建共融共担的发展结构。技术的落地并不仅仅是单一主体可以完成的任务,齐河县域内政府、产业、大学之间形成"功能耦合网络"。当前,齐河县在政府的推动下,多要素集聚,三主体结构更加稳固,共同构建互动发展的共赢新格局。2021年,齐河县人民政府与山东鲁粮集团有限公司、山东农业大学签订五年期《共建框架协议》,在鲁粮集团内建设"山东鲁粮现代农业研究院",由三方共同领导,加强校地企合作,加快科技成果转化。同年,齐河县农业农村局(甲方)、齐河绿丰种子有限责任公司(乙方)、中国农业科学院作物科学研究所(丙方)签订3年期《小麦新品种选育和种子绿色标准化生产技术服务合同》。《小麦新品种选育和种子绿色标准化生产技术服务合同》规定,甲、乙双方免费为丙方提供固定高水肥试验用地20亩,并派专人负责,按丙方提供的试验方案落实田间试验,进行田间管理;试验用种由丙方免费提供,农用机械和肥料等生产资料由乙方免费提供。甲方和乙方负责免费提供当地相关设施设备和场所,协助丙方进行相关专业技术人员的技术指导和培训,相关专业技术人员由此产生的所有费用由甲方和乙方承担。其中,企业、合作社等经营主体相对政府来说,融资更加灵活、生产实践也更加贴近群众;高校、研究所有充足的科研力量与知识积淀,同时能开展广泛的社会调查与比较。而政府发挥的主要作用是能传递发展信息,增强产、学的可信性,降低不确定性。

一是传递发展信息。政府研发支持可传递政府支持农业企业发展的积极信号。政府研发支持能发挥信号传递功能,有利于改善企业与外部投资者的信息不对称。

二是增强可信性。齐河县政府每年均对合作社、农业企业进行示范认定，进入认定名单的企业意味着其发展符合创新、协调、绿色、开放、共享的新发展理念，这说明企业具有较强的研发创新能力和良好的创新项目，有利于增加该项目成果的市场需求，增强市场信任，提高企业的预期回报。

三是降低农业技术研发的不确定性。齐河县通过多重举措，保障企业、科研院所来了有地用，技术人才来了安得了家，增强了技术创新主体的稳定性。同时，齐河县积极举办各层级农业技术交流会议，吸纳最新技术成果与专家，降低了研发项目的不确定性风险。另外，政府提供资金支持有利于吸引外部投资者加入，这有利于保障后续研发资金支持，在一定程度上可以降低企业研发失败的风险。根据新经济增长理论，研发投入、人力资本等是推动创新的关键因素。政府研发支持为农业企业技术创新带来研发资金、人力资本等重要资源，促使农业企业增加研发投入，进而推动农业企业进行技术创新活动。[1]

(三)多元化保障体系，破除发展之忧

首先，完善人才支撑体系。实施高端人才"兴齐工程"，积极支持和配合产业园内企业的人才引进工作，立足重大项目、重点企业人才需求，引进顶尖人才团队，在团队建设、经费支持、人才安居等方面给予支持。实施了企业家发展"领航工程"、大学生集聚计划、技能人才梯次培养计划、优秀人才专业素养提升计划、乡村振兴人才支撑计划，形成多层级、可持续发展的人才吸纳与培养梯

---

[1]　吴丽萍、朱险峰、胡凯：《政府研发支持对农业企业技术创新的影响效应研究——以农业类上市公司为例》，《价格理论与实践》2021 年第 5 期。

队。同时持续鼓励高端人才带项目、带家属到齐河县发展,全力做好配套服务,加大对高层次人才落户、子女就学、专项经费、住房补贴、个税补贴、股权收益、所得再投入补贴等方面的支持力度。

其次,不断完善金融服务方式。一是积极推动企业抢抓多层次资本市场发展进行股权融资,支持符合条件的优质、成熟型企业在主板、中小板、创业板、科创板、新三板、区域性股权市场等境内外资本市场上市挂牌,并分层级给予上市奖励。二是大力发展农村普惠金融,优化金融机构网点布局,扩大农村基础金融服务覆盖面。综合运用税收、奖补等政策,鼓励金融机构与新型农业经营主体建立紧密合作关系,创新金融产品,提升服务能力,加大对新型农业经营主体、农村产业融合发展的信贷支持。三是鼓励担保机构支持产业发展,鼓励支持龙头企业组建担保公司,形成多层次担保体系,在享受融资性担保公司政策的基础上,按农业信用担保公司当年实际担保发生额的0.5%给予担保费补助,另按1%标准建立担保风险资金,降低农业担保风险。

最后,锚定发展主体,实行精准奖助。齐河县出台多项政策,对从事种植及服务项目,给予免征或减征企业所得税;对重点扶持、重点培育、招商引进和新培育企业,年度扩产投资额达到100万以上,按照实际投资额度的1%给予奖补;对新认定的省级、市级农业龙头企业,奖励10万—20万元;新评定的市级、省级、国家级示范社,奖励2万—10万元;新评定的国家级、省级、市级示范家庭农场,奖励2万—5万元;对于新增粮食种植大户,给予50元/亩的奖励,最高不超过1万元/户。加强科技、财政、税务多部门联动,落实国家级高新技术企业所得税按15%的税率征收政策、科技型中小企业研发费用加计扣除比例提高到75%,加大企业研发财政资金补助等优惠政策。

（四）全流程配套建设，提升整体水平

农业产能提升是多环节生产能力复合作用的结果，不同阶段的技术提升都有利于农业产能的整体提升。

一是在技术研发阶段保障基础设施、提高信息化建设水平。想要进行有效的农业技术推广过程，那么首先就需要具备完善的农业基础设施，当前农业技术不断地发展，这就使与农业相配套的农业基础设施也应该进行相应的改进。一方面，齐河县不断加大对农业基础设施的投入，尤其是在现代化农业（粮食）产业园的建设过程中，齐河县整合地方财政资金与中央财政奖补资金开展四大基础设施建设项目。其中，齐河食品产业园公共服务设施建设项目，总投资 6000 万元；产业园综合服务中心建设项目，总投资 4000 万元；产业园综合服务中心配套服务设施建设项目，总投资 3200 万元；小麦、玉米产业研究院建设项目，总投资 1500 万元。另一方面，齐河县大力实施数字农业创新应用工程，促进农业智能化发展。当前我国农业技术在推广过程中，某一部分地区还不具备这些信息设备，从而导致了政府与地方联系之间的障碍，这也在一定程度上阻碍了农业经济推广过程[①]。齐河县于 2019 年制定了《齐河县信息进村入户工程整县推进实施方案》，确定了中国移动和中国联通 2 家运营商，当年完成 786 个行政村任务，占总目标的 80%，不断完善农业信息服务体系，提升农民信息获取能力和增收致富能力。同时，持续推进互联网、物联网、云计算、大数据等

---

① 郑晶晶：《我国农业技术推广中政府行为创新对策》，《南方农机》2017 年第 17 期。

新一代信息技术在农业生产中的应用,促进农业智能化提升。齐河县继续实施"智能农业三年行动计划",构建"线上技术服务平台+农场管理系统+精准农业"的智慧农业体系,建设智慧农业农村大数据中心。齐河县先后在15个乡镇设立农业科研技术推广站,配套土壤墒情、气象监测站等物联网设备,建设农业大数据应用管理智慧平台,提升土壤检测准确性,提高农产品检测水平。通过健全完善基层农技推广平台,配套科技服务网络工程和检验检测设备,强化现代农业智慧系统应用,提升公益性农技推广服务能力和科技装备及综合技术推广能力。2022年绿季鲁盛、绿季旺冠、绿季汇联3个智慧农业示范园区(基地)分别完成87.8%、58%、46%,并新增2家山东省智慧农业应用基地(安头乡松涛养殖场、禾牧家禽养殖有限公司),综合服务中心智慧农业大数据中心已完成数据模块。

二是在技术推广阶段建队伍、搭体系、加强技术监督。其一,建立健全优质的农业技术推广队伍。全县累计投资6000万余元,建成了1处县农业技术推广中心和15处乡镇(街道)农技推广服务站,设立了104个农村社区党政管理服务中心,全县拥有农技推广人员240人,实行"盯村包户",实现每万亩农田拥有2名专业技术推广人员,构建起了"以县级为龙头、以乡镇为主导、以村级为根基"上下联动、高效运转的三级农技推广体系。其二,建设技术推广体系。实施科技服务网络提升工程,推动关键技术研发应用。加强与高校科研院所合作,组建由院士或行业领军人才领衔的专家团队,聚焦现代种业、高标准农田建设、农业技术推广、农机装备、社会化服务等领域集成科研攻关。完善以各级农技推广机构为主,涉农企业、合作组织等共同参与的农技推广体系。建立专家指导和农技人员包片制度,加强培训指导,确保绿色高产技术进村入户。同时各类经营性主体均设置试验田,"田间地头"就是"教室",示范推广应用新品种及配套栽培新技术,提高农户种植技术水平。利用山东农业工程学院、县委党校等平台,累计培育高素质农民2800余人、农业科技示范主体2000余人,评定农民职称120余人。通过培训逐步建立起业务水平高、综合能力强的乡土实用人才队伍。其三,加强劣质农资产品监督。齐河县每年均会针对农药、农机等进行专项检查,确保农资和农机质量。

三是在技术转化阶段推进奖励创新和审核认证,提升技术创新获得感与荣誉感。齐河县以政府认可度为背书对技术推广人员进行职称评定。2021年齐河县开展农民技术职称评定工作,当年评定人数35人,累计82人。其中,政府部门的农技推广人员评职称后可享受相应补贴。另外,齐河县还通过给农业科技示范主体悬挂门牌、优先遴选先进农民参加高级示范培训班等形式形成奖励。

如上所述,齐河县一直重视策略性地引进农业技术与技术创新主体。而技术的落地,不得不归功于齐河县对生产要素关系的梳理和对生产关系的整体搭建。一是通过有效破解土地分散的难题,进而提高了各类农业生产要素如工具、投入品的适配性,进而为现代农业技术落地提供了基本条件;二是培育多元经营主体,为技术研发与生产搭建了有效的联结主体;三是通过多重保障体系为技术创新降本提效,扩展了技术创新主体的发展空间;四是建立起了全流程的技术配套设施,推进县域农业技术的整体发展。

总的来说,本章重点论述了齐河县政府作为农业技术创新中的集中领导者如何"有为"施策,助推齐河县农业技术的发展和粮食产能的提升。同时,也试图从齐河县的个体经验中抽离出一般性经验,以供读者共鉴。齐河县粮食产能创建的历史悠久,其中始终贯彻着国家农业建设的发展目标。关键的是,齐河县能通过人力、资金及相应配套建设的支持,将发展目标真正地落到实处,并从一众粮食基地中脱颖而出,获得高层次领导人的注意,从而形成良性循环,这正是地方政府的智慧所在。另外,齐河县积极引入科技力量,不断提升农业技术水平,并通过经营性主体拉平技术鸿沟,进而将齐河县整体打造成一片技术高地,这也是值得其他地方政府借鉴的。

第二章　政府主导的立体化农技推广体系

　　建立新型、多样化的农业技术推广体系是一项复杂的系统工程，其涉及多方面的制度变革与制度创新。农业技术推广体系的管理主体主要为政府。政府通过农业科研以及经验交流引入先进的农业技术，然后对农业技术进行试用。由于试用周期较长，所以农业技术推广还会涉及农业工作人员，政府通过积极与工作人员对接，了解先进技术的使用情况，然后与专家进行推广可行性分析，在明确值得推广的前提下，积极与基层农业技术推广的相关人员交流，并下发关于农业技术推广的相关文件和要求，然后由基层农业技术推广人员进行先进技术的推广。这个过程中涉及很多主体，包括政府主管部门、专业人员、推广人员以及农业工作人员等，多个主体通力合作、打好配合，形成了政府统筹、多方协作、优势互补的体系建设效果，进而实现切实提升基层农业技术推广效率的发展目标。

　　在农技推广环节，培训起着至关重要的作用。《中华人民共和国农业技术推广法》第二十三条规定："县、乡镇国家农业技术推广机构应当组织农业劳动者学习农业科学技术知识，提高其应用农业技术的能力。"当前我国农技推广体系的问题主要表现在农技推广行政化、乡级农技推广部门弱化、农技人员激励机制丧失等问题。[1] 很多地方的农技培训工作存在资金不足、人员不规范、村级推广制度缺失等情况。那齐河县的农技推广是否存在这些问题呢? 可以说,齐河县的培训做得很扎实。齐河县不仅有完善的农技培训体系,还建立了多元农技推广渠道,同时还为已推广技术提供全方位的保障条件。

第一节　大网络传播:农技培训系统的扎根

农业现代化,关键是农业科技现代化。《"十四五"全国农业农村科技发展规划》指出:"我国经济已由高速增长阶段转向高质量发展阶段,统筹发展与安全最重要的是国家粮食安全,要害是种子和耕地,根本出路在科技。"运用现代农业技术有助于增加粮食产量、提高农产品质量、增加农民收入。农业由传统农业向现代农业转变,主要是依赖农业科技现代化,以农业生产机械化、智能化、电气化、信息化、标准化代替传统手工作业,是现代科学技术如生物、信息、新材料和新能源等领域颠覆性技术不断涌现并与农业科技交叉融合的结果。

现代农业科技的推广有赖于农业技术培训。农业技术培训是农业技术推广最常见也是最高效的手段和途径。农业技术推广是指通过试验、示范、培训、指导以及咨询服务等把农业技术普及应

---

[1]　孙生阳、孙艺夺、胡瑞法、张超、蔡金阳:《中国农技推广体系的现状、问题及政策研究》,《中国软科学》2018 年第 6 期。

用于农业产前、产中、产后全过程的活动,是农业技术从科研单位落地到农民手上的桥梁和纽带。而农业技术培训通过对农民进行农业上的理论和技能培训,使农民了解、掌握并采用新技术,提高农民专业素质,从而加速农业技术的扩散与农业技术进步,保证农业健康稳定发展。

农业技术培训的重点是突出对农民的引导工作。通过改变其落后的思想观念,更深入地向其传授农业生产上的技术规范,从而更好地指导农业长远意义上的发展。发展现代化农业经济无疑需要高素质的新型农民。新时代下国家把高素质农民的培育提升至新的高度。《中华人民共和国乡村振兴促进法》第二十六条规定:"各级人民政府应当采取措施,加强职业教育和继续教育,组织开展农业技能培训、返乡创业就业培训和职业技能培训,培养有文化、懂技术、善经营、会管理的高素质农民和农村实用人才、创新创业带头人。"农民成为实现乡村振兴和农业农村现代化的主力军,但农民群体通常信息获取渠道匮乏,属于典型的信息弱势群体。提高农民素质的一个重要途径就是对农民进行培训,通过培训来提高农民的综合素质,帮助农民更新生产观念,提高其应用现代农业生产技术的能力,使其成为能够运用现代科学知识和新生产要素的人。培训不仅提高了农户技术可获得性,还能通过农户间的交流,扩大农业技术辐射范围。

目前,齐河县政府在农民和农业技术培训上下足功夫,通过集中授课、田间指导、科技下乡三类机制来搭建农技培训系统。

一、集中授课:高效统一的知识传递

农技培训作为促进农民专业发展的重要途径,是提高农业劳动效率,增加产量的关键,也是有效提升农民素养和能力发展水平的重要方式,而集中式的课程培训则是实现农民培训目标的核心要素。[①] 集中授课指的是把培训对象集中起来,在同一时期内统一接受培训的形式。这种形式最突出的优势:一是节约时间和人力资源,在集中授课中,培训者通过讲解、演示的方式传递粮食生产相关知识,由于面向整个班级进行,可以大大节约知识传递的时间和人力成本;二是保证培训质量的相对统一,培训班上的每个参与者都接受同样的教育内容,在知识传递、技能培养方面能够得到相应的保证,进而提高培训对象的整体水平。鉴于此,集中授课机制成为农机培训体系中最常用的方式。

齐河县的农技培训活动充分发挥政府主导的作用,在资金方面积极申请国家及省市政府资金补助,实行免费培训与适当补助相结合,形成以政府为主导并充分发挥高、中级职业院校作用,呼吁社会培训机构积极参与的多元化培训格局,适应农村劳动者多样化的培训需求。

(一)培训主体多元化

如今,齐河县农技培训的主体已经形成多元化的态势,不再只是"一家之言"。具体来说,齐河农业技术集中授课主要依托以下培训机构:

一是农业院校、科研院所等教育科研单位。齐河县农业农村局从十几年前就与山东省农科院、山东农业大学等农业科研院校有长期的合作,所以每年的市、县级别的种植户培训也都是请这些

---

① 姬雄华、王巍:《乡村振兴下农民"5+X"培训课程体系研究》,《成人教育》2022年第12期。

省级高等科研院校的专家团队进行培训、授课。2008 年以来,常年聘请山东农业大学小麦专家王振林教授和玉米栽培专家张吉旺教授为技术顾问,到县传播小麦、玉米高新技术,指导粮食高产创建活动。这些省农业技术专家因为跟齐河县有着长期的合作,所以在齐河县建有小麦产业研究院、现代农业产业园以及实验室。这些专家教授定期来齐河县举办技术讲座,提高农技人员服务能力。此外,还有农业广播电视学校也承担了培训任务。齐河县农业广播电视学校通过招投标成为 2007—2009 年齐河县新型农民培训机构。

二是各级农业技术推广机构和农技员。随着基层农业技术推广机构的建立健全,齐河县形成了以县农业技术推广站为中心的农业科技推广体系,担负着齐河县农业生产新技术的试验、示范、推广和技术培训的任务。基层农业技术推广机构除了"上传下达"推广上级要求农户知晓的技术外,还会接待农户的上门咨询。农户遇到种植技术难题时可以随时去基层农业技术推广机构面对面咨询。当地农技员在一年中都会为农民开展五次以上的集中培训,对象一般是大户和合作社的负责人,散户很少。培训内容一般是常规的农业技术、新农业病的发现和预防。在培训班上会有农民进行经验和窍门分享。

三是本地种粮能手。"实践出真知",相较于上述两个主体,本地种粮能手是"土专家",他们虽然农业技术理论知识水平不高,但是种植经验丰富,有的甚至能总结出一些比专家的方法更接地气的做法。后拐村赵大爷 100 亩地,曾被评为"粮王",有着丰富的粮食高产经验,他认为 80% 先进的农业技术都是自下而上传播的,各地的土专家将自己的经验上传到政府的农技员,再由农技员加以推广。比如他发现给玉米打药时,3月和7月用的除草剂要选择不同的品种,7月时的除草剂尤其要注意,不能选药效持续时间太长的(60天以上的),因为这种毒性长的除草剂对土壤伤害大,会影响到次年小麦的生长,因为小麦长了3叶至4叶之后,根会向下生长,碰到有除草剂残留的土壤以后就容易死苗。他不仅把这一经验反馈给农技员,还在培训班或交流会上与其他人分享。

(二)培训对象精准化

培训班往往是各级政府组织的,绝大多数培训班不仅不收培训费,还包吃住,并且还有农机补贴和肥料补贴等。由于资源有限,培训班需要对培训对象进行筛选,主要从两委班子成员、党员骨干、种粮大户、示范户等人中进行选择,以保证其具有一定的责任心和使命感,能够为农业技术推广和新型农村的发展奠定坚实的基础。培训对象精准化其实是符合当地农民种地的实践逻辑的,正如齐河县农业农村局某领导所言:"80%的农民会跟着20%的人学。"这"20%的人"主要包括:

一是农技管理人员和基层农技推广员。齐河县农业农村局科教科每年都组织农技管理人员和基层农技推广员去省里、市里培训,乡镇农技员也要到县里培训。农技人员的培训会有结业证书。在培训过程中,参与者不仅可以汲取专家传授的知识,还可以与在场的参与者共同交流、相互取经。齐河县农业农村局农技站某专家有一次在省里培训时与一个鲁南地区的专家交流,该专家表示他们那边秸秆还田推广不顺利,常常出现"白害"(即微生物消化秸秆的过程需要消耗土壤中的氮,导致农作物苗期不能得到充足的氮,结果长出来的苗就发白)。后来张站长与"粮王"赵大爷交流时,发现他非常重视增施氮肥,每亩施到 10 公斤以上就能有效解决"白害"问题。此后,张站长在培训班遇到同样问题时会把这一经验进行分享。

二是科技示范户、种粮大户。他们不仅自己需要现代农业技术以提高产量,还会直接向身边的乡里乡亲、亲戚朋友传播农业科技知识、示范现代农业技术、带动农业产业化发展,起到以点带面的作用,最大限度地发挥示范带动作用。农业大户的培训不定期,一年至少 2 次。农业大户比小农户更乐意去学习最新的农业技术和生产资料,比如深翻深松、种肥同播等,其一,他们有充足的资金能够去获得最新的机械;其二,他们都更舍得在农业上进行投资,对新技术、新机械持积极态度,认为机械化会比传统人工更高效、质量更好。而小农户对农业技术不那么积极,其一,经济实力不及农业大户,没有物质基础和经济条件的支持;其二,他们不舍得花钱,在消费上是"能省则省";其三,更相信自己的人力会比机械更好。有农户表示能去参加培训对农户来说不仅是一次学习、交流的机会,也是一种荣誉的象征。但也有农户表示集中培训要持续离家好几天,家里没人干农活,有时候也不愿意去。

三是农机手等农业社会化服务人员。他们是已经具备一定技术的人员,更容易接受现代技术和迫切需求接受现代技术以提高工作效率。

(三)培训内容类型化

培训内容围绕农业农村现代化这一核心展开,通过不同项目实施。

一是农业专业技术培训。一般而言,农业技术可以划分为两大类型,即物化类有形技术(如新品种、新农药化肥、农机具等)、技术方法类无形技术(如栽培技术、病虫害防治技术、特定生态条件下的耕作制度等)。集中授课培训更侧重技术方法类无形技术的宣讲与传播。尤其是2000年以来,山东省各级政府农业投资增多,基本建设项目和惠农政策接踵而至,均把推广应用先进配套农业科学技术列为项目实施的重要内容之一。如小麦高产栽培技术,主要有冬小麦精播、半精播高产栽培技术,冬小麦氮肥后移延衰高产栽培技术;秸秆还田,增施商品有机肥;玉米晚收、小麦晚播的"双晚"技术;玉米高产栽培技术,主要有"一增四改"技术,一增即增加种植密度,四改为一改种耐密品种,二改套种为直播,三改粗放用肥为配方施肥,四改人工种植为机械化作业,逐步扩大机种、机收等全程机械化作业比例;综合防治病虫草害技术,主要有加强病虫草害发生动态监测,及时组织防治;采取综合防治措施,全面有效地控制病虫草害;配方施肥技术,主要有小麦配方施肥技术、玉米配方施肥技术;畜牧养殖技术;农业标准化生产技术,主要有粮食作物标准化生产技术规程。小麦良种补贴项目自2005年实施以来,每年都要举办不同层次的技术培训班,以配合项目的顺利实施。2007年配方施肥项目实施以来,在项目试验区开展技术讲座百余场次,培训农民5000余人次。

二是阳光工程培训,主要是指在培训农民掌握技术的同时,还要掌握一些职业技能、政策和法律法规、安全常识等知识,保证农民可以自觉遵守法律和政策规定,自觉遵守市场经济规律;也可为实施农业产业结构调整、实施农业产业化战略培养具有现代观念的农民。2008—2010年,齐河县阳光工程项目职业技能培训1850人。包括机防手、沼气工、村级动物防疫员、渔业病害防治、畜禽繁殖员、农产品质量监督员、农村信息员等专业;转移就业培训 2000人,培训专业有电焊工、车床工、计算机、电子操作工、缝纫工。

三是新型职业农民培训(后称为高素质农民培训)。2006 年《中共中央 国务院关于推进社会主义新农村建设的若干意见》提出建设社会主义新农村迫切需要培养和造就有文化、懂技术、会经营的新型农民。培育新型职业农民是促进我国农业供给侧结构性改革的关键,是破解"谁来种地,谁会种地"这一突出社会问题的重要路径。新型职业农民培训对地方产业具有显著促进作用,其专业技能、经营管理、职业道德对农民收入具有显著促进作用,文化素质与其收入并无显著关系。[1] 经过齐河县农业农村局、财政局共同按有关规定招标确定,齐河县农业广播电视学校为 2007—2009 年新型农民培训机构,双方签订了项目实施合同,明确培训任务和要求。在县农业农村局的具体指导下,培训机构选聘具有高级、中级技术职称的培训教师 7 名,负责培训农民辅导员。并在县农业农村局和项目乡镇按照有职称、有能力、有时间、有热情和有责任感的"五有"标准选聘 30 名技术指导人员,与农民辅导员建立点对点联系制度,负责示范户培训。作为省农业农村厅、财政厅安排的惠农项目,"新型农民培训"项目每年经费 25 万元,2007—2009 年共计 75 万元。其中农民辅导员补助费 6 万元/年,技术宣传、咨询、技术"明白纸"的发放等费用 3 万元/年,培训机构对农民辅导员培训费用 16 万元/年(含教材、资料、老师授课、交通等费用)。3 年在 9 个乡镇选择 200 个村,培训村级辅导员 200名,示范户 4000 户。3 年间共培训农民辅导员 600 人,科技示范户

---

① 蒋文宁、陈振中:《乡村振兴背景下订单式新型职业农民培训的新探索》,《成人教育》2023 年第 7 期。

12000户。2021年培训高素质农民658人，其中35人通过初级职称评审。

四是农民辅导员培训。在农民辅导员遴选上，面向主导产业比较突出的专业村或特色村，依据其生产经营规模、示范带动作用、群众威信、年龄和综合素质、是否能够长期务农等条件，按照"公开招聘、自愿报名，村委推荐，县级主管部门审核确认"的程序择优确定，对农民专业合作组织负责人、农村经纪人、种养大户等优先选择。每村确定1名农民辅导员。在齐河县9个乡镇，200个村共选择农民辅导员200名。按上级要求将辅导员的名单在齐河县电视台《田园金风》栏目和齐河农业信息网上进行了公示。并建立了培训卡和培训档案，制定了农民辅导员绩效考核办法。培训机构承担对农民辅导员的培训，每年分5次集中进行，每次3天，共培训15天。第一次在9月下旬至10月上旬，第二次在11月初至11月中旬，主要内容为小麦冬季管理、大棚无公害栽培管理技术。第三次在11月下旬至11月底，第四次12月初至12月中旬，第五次在12月下旬至12月底。3年共举办农民辅导员培训班15场，培训3000人次。在培训过程中，邀请山东省德州市有关专家对农民辅导员和基层农技人员授课，提高培训质量，同时安排30名技术人员与农民辅导员进行点对点的联系。

五是示范农户培训。在示范农户选择上，本着服务方便和示范作用大的原则，由农民辅导员和村委会在本村从事相近产业的农户中选择确定。每村确定20个示范户，3年共确定了4000个示范户。培训方面，在辅导员集中授课后，由辅导员组织示范户进行集中培训。3年共在9个乡镇集中培训示范户135场，培训近54000人次；根据农时季节，对生产中存在的问题，进行不同规模、不同形式的培训和巡回指导;对生产中存在的重大技术问题,组织专家、教师、技术指导员和辅导员与示范农户和广大农民群众一起调查研究、解决问题;推行普及性培训,通过举办培训班、发放技术手册、技术明白纸、现场咨询、电视专题讲座等多种形式,多种渠道、多种层次对农民进行最大限度的培训;根据不同农时季节组织技术服务队深入村、户,到田间地头进行面对面的指导,切实解决生产中存在的问题。充分利用现代传媒渠道、农村远程教育网络、农技 110、农村"三电合一"等,加强信息服务,提高培训效率。

(四)培训形式与时间灵活化

培训形式可以影响培训效果,恰当的培训形式有助于提高培训效率。调查发现,齐河县的集中授课形式以课堂讲授为主,辅以现场示范、模拟训练、讨论交流等。按照授课地点可分为就地培训(齐河县内)和异地培训(如去德州市其他县或者去别的省市)。

按培训时间长短可分为短期、中期、长期培训。培训周期 1 个月以内为短期培训,1—3 个月为中期培训,3—6 个月为长期培训。近 3 年齐河县基层农技推广人员分层次、分批次、分专业开展省、市、县集中培训,每个班次培训时间为 5 天,属于短期培训。2008—2010 年山东省技术监督局实验室内审员培训班培训周期为 1 个月,属于中期培训。而阳光工程培训短期、中期和长期培训比例原则上应分别在 10%、70%、20%。

关于培训时间,有农民反映虽然政府根据不同种植环节确定培训时间,基本能做到"农闲时集中授课、农忙时田间指导",但对兼业的农民来说,即使是短期培训,他们也不愿意抽出几天的时间参加集中培训,主要原因是经过理性计算后,兼业农民认为参加集中培训造成的经济损失比参加培训得到的补贴要大,故而兼业农民参与集中培训的积极性不高。

通过集中授课机制,先进的粮食种植技术得以于短时间内在齐河县大范围推广,快速提升了齐河县农民的整体农业技术水平,从而为粮食高产提供农业技术的理论保障。

二、田间指导:扎根实践的教学相长

田间指导是指专家和农技人员深入乡村和田间地头开展技术服务,指导广大种植户做好播种、防病虫害、收割等各项工作,帮助农民解决生产难题,为农业提质增效、农民增收打下坚实基础。这一机制的优势在于能够让农民与专家面对面地深入交流、手把手地学习农业技术,专家和农技人员可以有针对性地解答农民种植过程中遇到的各种问题。田间指导其实是一个双向学习的过程,专家和农技人员向农民传递农业技术知识,农民也会通过这个机制反哺专家和农技人员,与他们交流技术落地过程中的细节问题,以修正新技术。

齐河县的田间指导机制由来已久,目前已形成了比较成熟的制度。

(一)四级书记指挥田制度

"火车跑得快,全靠车头带。""吨半粮"之所以能够成功,四级书记指挥田制度功不可没。2021 年 9 月,德州市在全国率先提出"吨半粮"生产能力建设、建成全国第一个大面积"吨半粮"示范区,齐河县作为超级产粮大县,积极行动,把"吨半粮"建设作为重大政治任务,列为"书记工程",坚持书记抓粮、党政同责,县、乡、管区、村"四级书记"分别认领"书记指挥田",领着群众干、干给群众看,3年建成50万亩"吨半粮",创建全国首个大面积"吨半粮"示范县。县、乡、区、村四级书记深耕责任田,一级抓给一级看,一级带着一级干,各部门勠力同心,全县上下抓粮食生产的热情空前高涨。

在具体落实时,齐河县明确示范区、绘制分布图,把"书记指挥田"落实到位。县、乡党政领导班子成员以及管区书记、村支部书记,每个人设立"指挥田",落实到乡镇、村、地块,包面积、包产量、包农资、包技术、包政策,建立"指挥田"台账。稳定粮食种植面积,将面积目标落实到镇、到村、到地块、到农户,确保全县粮食播种面积只增不减。加强督导考核,对各乡镇(街道)创建工作开展督导检查,推动各项措施落实。将"吨半粮"创建纳入全县高质量发展综合考核体系,对完成任务的乡镇(街道),给予专项奖励;对敷衍塞责、推进不力、成效不明显的降低年终考核档次。由县抓万亩高产片,镇和管区抓千亩示范方,村抓百亩样板田。

(二)"三人四包"制度

"三人四包"制度是指每个弱苗地块,有一名行政干部、一名包村干部、一名技术人员,负责技术、农资、督促、转化工作。这一制度切实把小麦种植技术通过县乡各级干部及农技人员落实到千家万户中。从2022年2月起,齐河县实施百名干部专家"科技壮苗"行动,坚持"书记挂帅、台账管理、精准施策",各乡镇(街道)建立健全"三人四包"的小麦"促弱转壮"工作机制,县乡各级干部及农技人员走村入户、走进田间地头,面对面宣传动员指导群众,立足"早、促、防",抓好春季麦田管理,会同新闻媒体营造强大的舆论氛围,确保真正把技术意见落实到春管的每一个环节,干部早行动、群众早下地,抓牢了春管主动权,促进苗情转化升级,真正见到实实在在的效果,真正实现夏粮丰产稳产增产。2022年根据山东省农业农村厅制定的《2022年全省小麦中后期管理技术意见》、《2022年全省小麦冬前田间管理技术指导意见》等文件要求,组织100多名农技人员成立15个服务队,在小麦返青、拔节、灌浆等关键环节,有针对性地深入田间地头开展培训指导,累计下发技术意见4期、发布土壤墒情6期、病虫情报8期,下沉指导300余次、培训50余次,发放技术"明白纸"10万份。齐河县115.1万亩小麦苗情转化好于预期,一二类苗111万亩,占96.5%,较冬前提高17.8个百分点,高于山东省平均水平10.7个百分点。

(三)关键农时节点的田间指导

粮食生产的关键农时节点一般有春季生产(劳动节前后小麦抽穗时节);三夏生产(夏收、夏种、夏管);三秋生产(国庆假期收、种、管)。虽然齐河县农户已经积累了丰富的种粮经验,但是要想保证"吨半粮"除了"地利人和"之外,还需要"天时",且往往后者是人力无法阻止的,只能尽量减少极端天气带来的影响。当出现极端天气时,仅靠农户自身的经验是无法应对的,这时就需要专家和农技人员的指导了。每到关键时间节点,齐河县农业农村局会下派专家、农业技术人员等提供技术指导,尤其是遇到极端天气前后。2021年秋收秋种期间,受持续阴雨影响,收种时间推迟,齐河县党员干部、农技人员深入田间地头,一线催收催种,发放统一供种、深耕深松、农机设备购置、玉米收获等补贴7000余万元,全力抢收抢种。2022年围绕小麦春管,实施"科技壮苗"行动,抓牢小麦返青、拔节、灌浆等关键环节,"促弱转壮"成效显著,搭牢了丰收架子。适期晚收是提高玉米产量的重要措施,2022 年为引导群众抓好适期晚收工作,齐河县组织 15 个县级技术服务队和各乡镇农技人员,于 10 月 1—15 日全部下沉一线开展晚收技术推广,防止过早收获。齐河县大部分玉米在 10 月 7—15 日最佳收获期完成收获。为应对可能出现的极端天气和突发情况,齐河县制定了"三秋"农机生产实施方案和应急预案,各乡镇也制定了相应的方案预案。对本地机械和相关工作人员,提前做好农机具检修和农机手培训,重点抓好安全作业和机收减损方面的培训,确保规范安全作业。对跨区作业的外地机械和相关工作人员,重点抓好协调保障服务,确保他们顺利作业。要求镇、村干部"三秋"生产期间盯靠在生产一线,掌握生产进度,搞好组织协调,确保农机高效作业。

如果说集中授课的作用机制是以点带面、辐射引领,那么田间指导则是片区联动、共同提升。四级书记指挥田制度、"三人四包"制度以及关键农时节点的田间指导等机制,使齐河农业技术推广在"县—镇—管区—村"等网络节点上均得到落实,呈现出"上下齐心奔高产"的局面。

三、科技下乡:静水流深的多元渗透

科技下乡是一种较为普遍的农业技术培训形式,一般由政府组织,各县、乡镇、村的主管部门积极配合、广泛参与的一种培训形式。这种形式主要包括发放科技宣传单;利用村内大喇叭广播宣传;在微信群、抖音等媒体平台发布农技信息等。这种方式的优势:一是普及面广,易操作;二是获取门槛低。

（一）发放宣传资料

发放科技资料和技术"明白纸"是农业技术推广的传统形式。所谓"明白纸"，是对"三农"政策的说明文字、指导意见、办事指南等的通俗说法，最后引用到以通俗语言向民众解释政策或下发通知的官方格式文件，达到"操作规范、符合政策、人人明白、群众满意"的目的。农民借助"明白纸"解决生产生活中的难题，政府制作"明白纸"实现工作方式转变和促进农民增收的目的。

技术"明白纸"一般由齐河县农业农村局高级农业师等专家进行调研后根据当年的粮食生长情况、气候情况等撰写，因此每年的"明白纸"内容都不一样。技术"明白纸"的内容主要是播种、防病虫害、施肥等与粮食种植密切相关的事宜，如施肥技术"明白纸"一般以作物为主线，针对不同土壤养分状况和目标产量，集成施肥配方、肥料品种以及施肥时期、方法、用量等技术才得以形成。可见，技术"明白纸"的专业性较高，具有较强的指导意义。每年齐河县农业农村局会把"明白纸"下发到镇，镇再交给管区，管区在几个村的中间有一个办公室，村委成员会到管区办公室去领取，之后会粘贴在公共宣传栏、入户发放或用大喇叭进行宣传。

20 世纪 50—60 年代，齐河县就开始发放农业技术"明白纸"。70—80 年代每年发放各种技术"明白纸"30 万份左右。90 年代除发放各类农业技术"明白纸"外，还发行《农业知识》《山东农业》等科技刊物千余份。2005 年以来，配合实施农业项目，每年发放农业技术"明白纸"均在 50 万份左右。各种技术"明白纸"内容简要，通俗易懂，针对性强，为农业生产起到了及时的指导作用。齐河县农业农村局土肥站司站长告诉我们，之前农民施肥都是根据自己的经验来的,存在盲目施肥、质量参差不齐等问题,难以保证高产稳产,2017 年齐河县开始实施测土配方,土肥站根据近 3 年的检测结果和目标产量,制定一个施肥配方,制作成施肥技术"明白纸",通过乡镇、管区、村委会层层宣传,发放到农户手中,农户通过实践发现遵照"明白纸"上的做法确实能够增产后就更相信并愿意采纳"明白纸"上的建议了。

(二)农村集市宣传

农村集市作为基层社会结构的重要组成部分,承载着农民日常生活的经济交往活动,编织成基层市场网络,是基层经济交换和信息交流的中心地带。作为地方社会的公共空间,借助物资集散、话语交汇、信息传递、空间拓展的便利,基层集市的社会整合功能是政府不可替代也无法实现的。无论是过去还是现在,通过农村集市进行农技宣传这一形式具有其他农技获取途径所不具备的优势。

20 世纪 80 年代以来,齐河县通过利用农村集市开展技术咨询活动,农业技术人员在集市上摆摊设点,直接接待来访群众,面对面地交流,发放技术"明白纸"、出售科技书籍和资料,向农户推广新品种、新技术。这种聘请教师、专业技术人员、专家、有经验的农户等到各乡镇集市对科学技术进行宣传的方式得到了农户的肯定。农民称之为"科技大集"。农户在赶"科技大集"时不仅会咨询专家的意见,还会与其他农户一起交流种植经验。农户在集市上进行经济交往的同时也直接或间接地获取了农业技术,一举多得。正是由于其宣传效果好,2015 年齐河县组织了"科技大集"30 次。可见这一形式受到农户的欢迎。

（三）大喇叭宣传

相较于城市而言，农村地区人员分散且稀少，加之信息处理能力较强的青壮年大多外出务工，以"老幼"二元结构为主体的村民们的信息传播能力欠缺，导致农业技术在基层社区的传播任务艰巨。大喇叭自中华人民共和国成立后就一直是乡村地区宣传国家政策、动员广大劳动人民参与到社会主义建设的主要媒介，由于其打破了乡村农民识字少的局限，因而拥有广泛的群众基础。改革开放后，随着家庭广播系统和电视媒介嵌入村民的日常生活，大喇叭的政治和文化传播的功能被弱化甚至被替代，逐渐退隐闲置为乡村生活中的边缘性媒介，仅在乡村治理中补充使用。但进入 21世纪，大喇叭这一乡村传播工具又迈向了新的发展阶段。疫情防控过程中，大喇叭重新回归为乡村治理主角并成为网络关注的焦点。大喇叭以其在地性、圈落性的媒介价值，为乡村治理手段的更新与完善提供了新的契机。广播大喇叭重新回归到乡村治理的"工具箱"中，成为基层治理的重要抓手。大喇叭的优越性毫无疑问使其成为村民无差别获取农业技术的重要渠道。

我们在调查时发现，无论是县、乡镇政府农业相关的工作人员、农技人员，还是村委成员、种粮大户、小农户等，都充分肯定大喇叭在获取农业技术方面的权威性和便利性。在农业技术宣传方面，大喇叭的广播内容主要是以"明白纸"上的宣传内容为主，宣传时间无固定规律，但基本上每月都有。与主流媒体严肃的信息播送和庄重大气的播音方式不同，大喇叭宣传会使用地方方言这种特殊符号对官方信息解码重构，而非逐字逐句照着念。这样可以瞬间加速形成群体身份认同，影响村民观念，实现村落基础上的农技观念聚合,进一步强化了宣传效果。焦庙镇席庵村 65 岁的种粮大户表示,自己年岁已高,对微信、抖音这种现代传媒技术接受程度不高,更喜欢大喇叭这种传统的官方宣传方式。这也体现了对老年种植户来说,受限于教育程度或者生理原因,又抑或习惯使然,他们更倾向于接受大喇叭这种简单、直接的有声宣传方式。

(四)现代媒体手段

现代媒体手段主要利用现代科学技术进行现代化教学,如可以利用电视、网络等进行远程教学,也可以通过录制光盘、录音等进行教学,还可以通过 App、微信群、手机短信等方式进行农业技术学习和交流。

20 世纪 90 年代以后,农技人员不但到田间地头向农民传授农业生产技术,还经常通过电视台进行专题讲座,向齐河县农民系统讲解农业生产实用技术。近年来,齐河县积极运用现代科技力量组建覆盖全县的现代农业科技培训信息系统,在 13 个乡镇均建设 1 处现代多媒体教学设备齐全的农业广播电视学校乡镇分校,建设现代农业科技教育培训工程。积极建设农业科技云平台,通过云平台提高农业科技推广速度、扩大受众范围。指导农技人员和农户扫描二维码下载安装齐河县农技和齐河智农 App,推送各类农业技术信息,依托智慧农业加快农业技术推广工作。2022 年,开发了齐河县农技推广手机客户端,开通了"农政通"手机短信平台,全县发送"农政通"手机短信技术信息 25 万条,实现了农户与互联网有效连接、专家与农户"零距离"交流。

科技下乡是集中授课和田间指导的重要补充。纸质和电子宣传资料的发放、大喇叭传播、微信等现代媒介的互动,这些杂糅在农民日常生活中并与之融为一体的方式潜移默化着农民的种植意识和技术采纳行为,在"日常"的外衣下,农民自觉不自觉地获得了提升。

综上所述,农业技术培训是农户获取相关信息的重要渠道。农户的实际生产实践和最佳生产实践之间是存在"缺口"的,培训通过向农户传递信息和知识促进农户弥补这个缺口。在培训中,专家、技术人员和具有丰富经验的农业生产者通过知识讲解和现场演示等方式,为农户传授粮食种植技术相关知识,有效增加了农户对粮食高产能的认知和了解,从而提高农户采纳新农业技术的意愿和行为。基层农技培训有助于种植户作出生产要素投入结构改进,使接受新技术的种植户产出水平接近期望生产可能性边界。基层农技培训对粮食生产技术效率提升具有明显的促进作用,尤其是对社会资本水平高、土地经营规模大及所处生产区域土地适度规模化程度高的种植户而言,基层农技培训的作用效果能够得到最大限度发挥。高水平种植户可以通过参加农业技术培训和技术专家下乡入户指导两条路径来实现,并间接影响粮食生产技术效率。因此,应继续加大基层农业技术培训力度和水平,丰富农业技术培训形式,更新农业技术的内容,科学识别制约因素,因地制宜开展农业技术培训,提升农业技术人员自身知识技能水平。

齐河县全面推广配套技术,重点推广小麦宽幅精播半精播技术、配方施肥技术、病虫害综合防治技术、种子机械包衣技术、与品种配套的肥水运筹及促控技术等先进的小麦生产技术,玉米"一增三改"技术、种子包衣技术、单粒播种技术和合理密植技术。在省市统一技术指导下,分区域、按季节系统培训技术骨干和带头户。组织县农业技术力量编写规范的培训教材或"明白纸",并在每年9月上旬和5月中旬分别举办全县小麦、玉米生产技术师资培训班,开发区、各乡镇、各农场在秋种前普遍进行秋种、夏种技术培训,以后根据农时季节和作物长势适时举办各种类型和不同层次的技术培训班。开展科技进村入户活动,县、乡镇都组织农业技术人员深入到村、到户、到田间地头,进行面对面的指导。并充分利用电视、广播、黑板报等多种形式进行技术宣传、指导,提高农民的科技水平,确保各项技术实施到位。通过上述做法,无论是主动获取还是"搭便车",齐河县农民的种粮技术都得到普遍提高,可以说,齐河县农民不存在种粮技术鸿沟。这就可以解释我们在调研时发现的部分农民反映"培训作用有限"的原因——不是培训"无用",而是如今的齐河县农民已经掌握了现有的高水平种粮技术,常规的培训内容已经无法吸引齐河县农民了,甚至部分具有钻研精神的种粮大户反而可以总结自己的种粮经验反哺农业技术人员了。

第二节　结构洞传播:多元推广渠道的拓展

随着我国农业集约化、规模化、标准化程度提高,构建多元化基层农业技术推广体系已成为农技推广事业的重点发展内容。目前大部分地区的农业技术推广模式属于政府主导型,以提高产量和农民收入为主要目标,以全体农民为主要对象,以农业技术为主要内容,以政府领导的技术推广体系为推广组织,采取自上而下的传递服务为主要方式的农业推广模式。齐河县也不例外。齐河县坚持"行政推动、项目带动、技术集成、企业参与、专家领军、农技唱戏"的运作机制,全面推行"供销社+国企+乡镇联合社+党支部领办合作社+新型经营主体+农户"的联农带农模式,充分利用"吨半粮"生产能力建设这一载体和平台,加强部门联合、协作攻关,形成了齐河县合力推动粮食生产的工作格局。政府在农业技术推广过程中为各个主体提供了政策、资金、人才、技术等关键要素的支持。把企业、合作社、农资经销商、种粮大户等主体有机地结合起来,使之形成既能发挥各自优势,又能优势互补;既有利于合理竞争,又有利于整体合作的上下相通、左右相连、多层次、多渠道的农业技术传播网络。

一、企业:龙头带动

农业企业在农业技术推广中具有不可替代的作用,他们通过技术研发与推广、农业咨询与培训、农业物资供应与销售、农产品加工与推广以及科学研究与创新等方面的工作,为农民提供全方位的技术支持和服务,推动农业的现代化发展。一是进行技术研发与推广,农业企业通过自主研发或合作研发,致力于开发和推广先进的农业技术如种植管理、肥料施用、病虫害防治、农产品质量检测等方面的创新技术。二是农业物资供应与销售,农业企业为农民提供种子、肥料、农药、农机具等农业生产所需的物资,并确保供应的质量和稳定性。三是农产品加工与推广,农业企业将农产品加工成具有附加值的农副产品,并通过各种渠道推广销售。这不仅可以增加农民收入,还可以提高农产品的附加值和市场竞争力。四是科学研究与创新,农业企业与科研机构合作,共同开展前沿技术研究,探索适应农业发展的新型农业技术和管理模式。通过科学研究和创新,农业企业能够不断提升自身的竞争力,为农业技术推广作出更大的贡献。

　　鉴于此,齐河县坚持"以产聚才、以才兴产",壮大产业平台、做强科创平台、搭建高校平台共同发力。目前齐河县规模以上工业企业达173家,为全县各类人才就业提供坚实平台。高新技术企业、"专精特新"企业达75家,居德州市首位;市级以上创新平台达到130个。深化产学研合作,与山东大学共建新材料与智能装备研究院、碳纤维工程技术研究中心、山大产业园;与济南大学合作,共建中德工业设计创业园,不断深化校地合作。

　　龙头企业的示范引领作用不容忽视。齐河县成立了国企齐源绿季农业集团,整合资金5亿元,建设5000吨以上智能化恒温粮仓38座,可增加粮食储备19万吨;建设日烘干量200吨烘干塔1台、300吨烘干塔30台、600吨烘干塔1台、1000吨烘干塔1台,日烘干能力达到10800吨,在全国产粮大县中率先实现乡镇全覆盖。

　　先进农业机械更新换代可以提高农业生产的效率。齐河县制定《齐河县"吨半粮"生产能力建设农机设备更新补贴意见》,县级财政列支资金1000万元用于补贴先进小麦、玉米收获机、播种机。齐源绿季农业集团购买大型收割机、播种机、深松机等机械20多台套,总资金635.6万元,用于"吨半粮"创建区小麦统一播种、深松作业。

　　依托县、乡级农技推广机构,以及涉农企业、农民合作组织等参与的农技服务机构,构建起"一主多元"的农技推广体系。创新科技服务方式,建立完善"县有专家、乡有技术人员、村有农技网格员"的三级农技推广体系,加强对种粮农民和新型农业经营主体的技术指导和培训,推广应用绿色高产新技术。加强村级农业技术服务点建设,使其真正成为连接基层农技推广机构和农民的纽带。

大力培育提供农业社会化服务为主的各类专业公司、农民合作社、农村集体经济组织、服务专业户等专业化经营性农业服务组织，引导工商资本开办企业化、专业化的现代农业服务公司。2023年，齐河县农业社会化服务组织达到500家，农业综合托管率达到95%以上。

启动"创新成长企业30强"培植行动，加快培育发展现代农业龙头企业，支持"育繁、种植、加工、营销一体化"企业进一步做大做强；引进国内外优势企业落户或参股当地企业，积极发展一批区域性、专业化种业骨干企业，完善和优化企业群体结构，进一步提升龙头企业带动能力。

二、合作社：村级组织的引领

作为农民利益联合体，农民合作社在农业技术推广方面具有天然而独特的优势，它注重技术实用性，积极参与新技术成果的试验和示范，能够使新技术成果以最快的速度、最便捷的方式和较低的成本传递到广大农户手中。在进行农业技术推广工作时，齐河县政府把合作社纳入推广体系中，通过合作社将生产中的"公共服务"有效传递给有需要的小农户。合作社参与原本由政府主导的农业推广工作，形成多元化的社会推广行为，在农业推广中形成政府服务与市场驱动的合力。当有机农业初步形成规模后，政府全力做好公共服务，将更有效地吸引社会资本、市场主体进入，并使有机农业的产业结构适应市场需求结构，进而实现农业资源的更有效配置。

合作社通过承接政府补贴，为小农户提供与政府"公共服务"

对接的平台。以种肥同播技术为例,将种子和肥料一次性施入地下,三样活一次性操作,能够节省人工、肥料、种子等成本,而且种肥同播相较于传统的"一撒了之"更加精准。齐河县玉米的种肥同播技术于 2015 年开始推广。由于播肥一体机是用拖拉机牵引使用的,需要给大的拖拉机配上大的播种耧,大播种耧的成本约 2000—3000 元/台,所以主要的推广对象是拥有大拖拉机的农机手。小农户的拖拉机一般是小拖拉机,所以农机技术推广的重心在农机合作社和拥有大拖拉机的农机手身上。在具体的推广策略层面,齐河县政府大力宣传能够种肥同播的农机械所享有的国家级补贴,在享受国家级补贴之后的大播种耧只需要 1200 元/台。齐河县政府农业农村局分配给乡镇参观学习的指标,找当地的农机手到农机合作社参观学习。2023 年,平均一个村庄有 3—5 台小播种机,但是大播种机比较少,每个乡镇有 3—4 台。

齐河县通过构建股份合作社、"龙头企业+合作社基地+农户""党支部+合作社+项目+农户"等多种新型农业经营模式,充分发挥领头雁带动作用,促进小农户与现代农业发展有机衔接。如齐河县胡官屯镇 JS 粮食种植专业合作社于创立初期在镇辖区范围内先选取了 5—10 个村作为试点村,每村创建 20—50 亩示范田,一般为交通比较便利的好地。通过示范种植,村民可以不出村就能看到规模化、标准化生产的成果。这种自下而上的推广方式更能得到小农户的响应,为农业技术标准化提供了事实经验支持,有效影响了小农户对农业技术的采用意愿和行为。

支持有能力、有意愿的村党支部领办合作社(或成立村集体经济组织),发挥其统一组织小农户集中连片接受社会化服务的作用。重点整合本村小农户、土地,组织引领接受农业社会化服务;组织本村农机手、农资店、经纪人等加入合作社,购置新型农机装备,成为农业社会化服务提供者。适时把党支部领办合作社、村集体经济组织纳入农业生产托管服务组织名录库。结合发展壮大集体经济,把开展农业社会化服务作为党支部领办合作社的优先发展方向。组建镇级联合社,发挥其行业内统筹协调、优势互补,各服务主体集中抱团发展的作用。重点依托供销社现有资源,整合辖区内粮食种植、农机服务合作社和家庭农场,吸纳村党支部领办合作社组建成立镇级联合社,购置新型成套农机装备,成为农业社会化服务供给主体。各乡镇均成立2—3家联合社,镇级联合社达到32家。

培育产业发展型、生产服务型专业合作社,吸纳小农户入社抱团发展。由有意愿、有需求的农民社员自愿联合、自我发展,通过全体社员按照"民办、民管、民受益"的原则,发展农民合作社。围绕社员在农业生产产前、产中、产后各环节,提供专业化的专项服务和全方位的综合服务,实现抱团滚动式发展。例如,齐河县胡官屯镇JS粮食种植专业合作社,现已发展社员2050余户,覆盖该镇70个村庄的60000余亩耕地,2023年全程托管服务面积20000亩,当年作业服务达到40万亩次。该合作社以服务本社社员、种粮大户为切入点,带动小散农户共同步入现代农业发展道路。服务对象以小散农户为主,占全部社员的90%以上,少的有两三亩地,多的八九亩。在服务方式上,聚焦大事、难事,重点围绕生产资料采购、植保、耕种等关键环节,提供"菜单式"服务,其余环节由农户自行打理,干小活、干零活。在服务措施上,产前,每村选定1名种地能手作为服务站长,及时反馈农户需求;产中,根据农户需求,统一提供深耕整地、宽幅种肥同播、病虫害统防统治、节水灌溉等服务,当好贴心"保姆"、生产管家;产后,对接农产品加工企业、良种公司,多元化拓宽销售渠道,延伸产业链条,提高农产品附加值,有效缓解了小散农户种地难、成本高、收益低等实际问题。在服务成效上,可概括为"三减两增一满意"。"三减":一是通过直接在生产厂家集中采购农业生产资料,减少了中间流通环节,压减了投入成本;二是通过标准化统一作业生产,减少了种植管理成本,按照小麦、玉米两季测算,两项加起来,农户每亩地比原来自主管理可减少生产成本 217.5 元,降低 22.3%;三是减少农药、肥料施用量降低投入成本,保护生态环境。"两增":一是增加亩均单产效益,比如,通过订单模式,将小麦卖给种子企业,每斤比普通小麦高出 0.12 元,按照亩均单产 1100 斤,仅此一项每亩就可增收 132 元;二是增加群众收入,比如,40 多户带机入社农机手,通过参与合作社对外托管服务,平均每年增收 2 万元。周边有劳动能力的贫困户,不仅可以享用免费农资,而且通过参与合作社服务,每年可获得打工收入 26000 元,没有劳动能力的贫困户,每人每年无偿享受合作社分红 1500 元左右。"一满意":通过以上措施,得到了农户认可,农户纷纷寻求与合作社合作。

充分发挥支部引领创办合作社的组织力、凝聚力、向心力作用,带动小农户入社,发展现代农业。以党支部引领,把小农户、零散土地集中起来,整合机械装备、劳动力,统一采购生产资料、统一种植管理、统一销售农产品,在农业提质增效、农民增收的同时,也实现了村集体增收。比如,刘桥镇 NF 粮食种植专业合作社就是典型代表,该合作社成立于 2013 年 9 月,由 37 名成员发起并组成,建社初期发展社员 77 人,入社土地 818 亩。经过 1 年的发展,2014 年入社户数达 312 户,入社土地 3306 亩,全村入社率达

100%。"党支部+企业+合作社+农户",党支部引领,合作社发挥主体作用,在合作社的运营下,全村土地实现统一技术指导和服务、统一良种供应服务、统一测土配方肥供应服务、统一药品有机肥供应服务、统一深耕服务、统一播种服务、统一机收服务、统一病虫草害防治服务的"八统一",形成从种到收的链条模式,方便了群众、实惠了群众。党支部发展实体合作社,利用的是党支部的公信度,支部挑头,企业信任,农户信任,企业与农户、农户与企业不直接打交道;利用支部的凝聚力创办合作社,形成规模化效益,改变原来群众单打独斗的情况,引得来企业、抓得住政策,最终受益的是企业和农户双方,集体从中受益,结果是三赢的局面;村集体有收入了、农户得到实惠了、企业放心了,最终提高了党支部的影响力、公信力,凝聚了人心,有利于党支部开展工作,形成了一个良性的循环,有利于村庄的快速发展。

此外,齐河县政府在政策上扶持合作社的发展。2014年,制定出台了《齐河县新型农民专业合作组织(粮食、植保、农机)的奖励扶持办法》,对发展好、带动能力强的农民合作社给予10万—20万元的奖扶。出台《创新完善农业社会化服务体系建设的实施意见》,到2025年,县财政每年列支1000万元,对农业服务企业、农民合作社和家庭农场进行重点扶持,构建县有引领、镇有骨干、村有支撑的三级农业社会化服务体系,力争年内粮食作物全程社会化服务面积达到80%以上,农业生产综合托管率达到95%以上。积极发展多种形式的适度规模经营,支持具有一定规模的农民合作社、家庭农场等新型经营主体参与土地流转,引导农村土地经营权向各类经营主体规范有序流转,加快推进土地股份合作社经营、农村承包土地整村流转或整村托管,2023年齐河县土地适度规模经营化率达到60%以上。

三、农资经销商：市场的力量

自2000年开始，国家进一步调整了农技推广体系的定位，逐步推动了公益性农技推广和经营性推广的分离。国家对农技推广体系的改革和对农资市场的开放，使农业技术的生产、推广活动日益市场化。[①] 农资经销商是农资从生产厂家到消费者之间的桥梁和渠道，也是农资产品生产与使用过程中各种因素的汇集处。新型农业生产经营主体和服务主体迅速崛起，深刻改变了农资流通行业的发展逻辑，为传统农资流通企业和农资经销商带来了前所未有的机遇和挑战。与传统农户相比，新型农业经营主体大多具备一定的农业技术或经验，对肥料品质、配套服务以及经销商的专业性有更高的要求，消费也更加理性，用户黏性要差得多，对他们来说，传统营销善打的感情牌并不具有吸引力，产品实效与优质服务才是硬道理，因此也更乐于和综合实力较强的经销商或厂家合作。这就意味着农资经销商必须作出转型以适应市场需求。再加上农资经销商开展技术服务在山东省具有政策惯性。1985年山东省委、省政府颁发了《关于科学技术体制改革的试行方案》，推行农业技术推广有偿服务，本着"立足推广搞经营，搞好经营促服务"的原则，积极开展经营服务。自1989年起，齐河县农业技术部门陆续兴办了科技服务经济实体30余处，在经营农资产品的同时，开展技术服务，做到了"既开方，又卖药"。通过知识物化，变无形为有形，更加直接、直观地为农民群众提供技术服务。农资市

---

① 陈义媛：《中国农技推广体系变迁、农业转型与技术政治》，《开放时代》2021年第3期。

场放开后,齐河县从事经营种子、农药、化肥的个体经商人员越来越多,至2010年年底达到450余人。他们在经销产品的同时,开展技术咨询和技术服务。齐河县农业部门进行不同形式的培训和指导,促使他们提高科技服务水平。经销商通过提升服务能力,带动产品销售,进而延伸产业链,建立覆盖产前、产中、产后的全方位服务体系,最终进化为一二三产业融合发展的农业生产社会化服务商。

以无人机配药为例,无人机刚兴起的时候,农户对无人机喷药信任度不高。购买了无人机的机手只能通过农资经销商推销这一技术。因为农资经销商自己在售卖农药,与无人机是互补品,这样就可以通过农资经销商作为中介,售卖农药的同时,将无人机喷药这一技术推广给农民。农民在网上了解到无人机喷药的好处后,去农资经销商购买农药时,也会向店主咨询无人机喷药技术。甚至有一部分农资经销商自购了无人机,免费为消费量达到一定额度的农民提供无人机喷药服务,以增加用户黏性。

此外,农资经销商还通过添加微信好友、建立微信群等方式为农民提供技术咨询、产品售后等服务。农民往往比较相信自己也种地的农资经销商,认为这类农资经销商是"实践出真知",这类农资经销商的客户群也相对比较庞大且稳定。刘桥镇战庄村种粮大户刘大哥就比较愿意采纳刘桥镇农资经销商刘老板的技术建议,认为"他(刘老板)自己也长期种地,也是种粮大户,干活就比种地经验少的更加熟练,对玉米、小麦的病虫害也更加了解。用药多少、用什么药跟当年的气候有很大的关系,他当年也在种的话就会更懂,给的建议也会更加符合实际"。刘老板创建了两个微信群,每个群均在300人以上,成员都是老客户。微信群不仅成为刘老板推广产品和技术的窗口,还成为客户交流种植经验的平台。

农资经销商的农技推广是一种优先考虑自身经济利益的、有选择性的技术推广,和农业专家的倾囊相授模式明显不同。在这样的情况下,虽然农资市场的建设客观上使基层农技供给能力迅速提高,但整体上看,农资市场提供的技术服务不具系统性且极为碎片化,技术方法之间常常难以协调平衡且操作性有限,技术内容异化提升了生产成本和生产难度。

四、种粮大户:"能人"效应

在我国现代化农技推广中,有一群凭借独特的资源禀赋和社会认同感而在农技推广组织机构与普通农民之间扮演中介角色的"能人"[①],那就是种粮大户,他们也是科技示范户,也是农村意见领袖。在农村这个"熟人社会",人际传播往往是最有效的,面对面的直接沟通不仅有利于情感的交流与信息的反馈,而且能显著增强传播的效果。相较于其他农技推广主体,由农村意见领袖参与的农技推广模式不仅具有接地气、得信任、易传播、善沟通、好示范等优势,且极具本土化特征。[②]

技术的推广需要一个相对漫长的过程,农技人员表示一个新品种、新技术要达到"广为接受"的程度一般需要 3—5 年时间。"推广一个好技术或者种子,仅靠推广员嘴巴说是没有用的,要让老百姓看到,眼睛看到了自然就信了、跟着做了"。在这个过程中,种粮大户的示范、带动作用是非常重要的。

---

① 朱英、章琰、宁云:《现代化农业技术推广中的"能人效应"》,《中国科技论坛》2021 年第 8 期。
② 李俏、李久维:《农村意见领袖参与农技推广机制创新研究》,《中国科技论坛》2015 年第 6 期。

就新品种推广而言,政府的推广过程一般是政府免费供种——大户示范:建立示范户和示范田——小户跟随。在示范户方面,2013—2014年,齐河县的各个乡镇会免费发放种子让大户和示范户试种。在示范田方面,齐河县玉米的示范田体系可以概括为"十亩攻关田,千亩智慧田,万亩示范方"。所谓"十亩攻关田",是地方政府领导的科研团队"不计成本地增产攻关"的试验田。"千亩智慧田"和"万亩示范方"主要是跟种粮大户或公司合作。在种子推广初期的一两年,"千亩智慧田"和"万亩示范方"的合作种植户能够享受每亩几百元的补贴,到推广后期,示范户的福利逐渐收缩,后两三年变成免费发放种子,最后等群众广为接受后,示范田的福利也就撤销了。

齐河县通过资金政策扶持,支持家庭农场优先承担涉农建设项目等方式,引导家庭农场采用先进科技和生产力手段。指导家庭农场开展标准化生产,建立可追溯生产记录,加强记账管理,提升经营管理水平。完善名录管理、示范创建、职业培训等扶持政策,促进家庭农场健康发展。指导家庭农场规范运营、打造品牌,拓宽增收渠道,为现代农业发展树立标杆。加大示范家庭农场和种植大户培训力度,鼓励开展产地初加工、电商等多种形式经营,不断拓宽经营新渠道,促进农民增产增收。

齐河县还组织夏秋两季粮王大赛,进一步激发群众的种粮热情。齐河粮王大赛被称为"黄土地上的奥运会",自2009年举办,每年吸引很多种粮农民报名参加,每年的报名典礼与颁奖典礼都很隆重,吸引了十里八乡的农民纷纷前来共享盛况。

综上所述,农业技术推广是农业科研成果转化为现实生产力的桥梁和纽带,是促进农村生产力发展的有效途径,是改善和解决

"三农"问题的重要途径和手段。齐河县已经建成多元化的农技推广体系,除了政府的主导参与外,还积极引导社会上相关企业、农资经销商和农民的多方参与,使推广体系适应当前市场经济发展的需要,从而与市场紧密结合,使推广成果符合市场的需求,从而增加农民的生产收益并提高齐河农产品的竞争力。

企业对接全国产业链、技术链的能力更强,可以从市场更快更便捷地吸纳高新技术,但是企业的规模也更大,因而更倾向于从提高利润的角度把新技术对接到合作社等规模经营主体,而不是直接对接到农户。合作社是政府、企业、农户间的桥梁,它既有一定规模,又比政府、企业更加亲民,能够依托多种多样的组织形态和经营模式积累技术、推广技术,但它的困难也在于此,老百姓可能因为不了解新技术和新技术服务过程不规范等原因排斥托管过程中的新技术使用。合作社的技术推广,既要符合政府的引领、企业的要求,又要不断地与小农户进行解释、对接,这就对合作社的组织和运转提出了较高的要求。农资经销商起到桥梁的作用,它有敏锐的市场嗅觉,能够跟进较新的技术发展,且由于店面固定,便于联系与沟通,亲民性更强。但农资经销商引入新技术是以利润为导向的,一些有益但利润不高的技术或农资产品可能被农资经销商所屏蔽。大户是农户中的精英,也是在实践中筛选、集成技术的高手,并且扎根村庄,在农户中很有威望,常常指导散户使用技术。但大户对技术的理解也可能存在主观性,并且只有借助政府的宣传、评比体系,才能将大户的经验更好地进行总结与推广。

虽然农技推广体系中企业、合作社、农资经销商和种粮大户各类主体各有优劣,但却能够优势互补,强强联合,形成了以政府为主导的多元推广渠道。

第三节　已推广技术的保障供给与优化提质

农业技术是现代农业发展的决定力量,农业技术推广可以提高农业生产的效率与质量,能够加快农业现代化步伐,实现农民增产增收。近年来,齐河紧抓政策机遇,加强产业结构调整,强化产业发展支撑,加快农业技术推广,以科技创新引领农业供给侧结构性改革,加快了农业现代化进程。但技术的推广是整体性、持续性的工作,不仅强调农业技术的培训和传播,更重要的是技术落地前后的一系列配套和保障措施。

一、已有技术的保障供给

(一)制度建设

在传统农业向现代农业转变的过程中,齐河县面临着结构转型、体制转轨和增长方式转变等一系列问题,这些问题的解决首先有赖于制度创新。农业制度创新是农业现代化建设的保障,是充分发挥技术创新体系功能的关键。因此,建立既适应社会主义市场经济发展规律,又符合农业现代化建设特点和需要的现代农业管理体制机制,是农业现代化建设的重要内容。

齐河县坚持粮食生产"一把手抓、抓一把手",由县委书记任粮食高产创建推进委员会主任,县长任副主任,分管领导具体靠抓,各乡镇(街道)也均成立党委、政府主要负责同志任组长的高产创建领导小组,县、乡、村层层签订高产创建责任书,将粮食高产创建纳入全县科学发展综合考评体系,年底进行严格考核,列支500万元对先进单位和个人进行表彰奖励。

齐河县在全国率先发布小麦、玉米质量安全生产标准综合体县市规范、社会化服务标准综合体县市规范2个国家级标准规范,大力推广小麦"七配套"(统一优质品种、配方精准施肥、深耕深松灭茬、宽幅精播、浇越冬水、氮肥后移、一喷三防)、玉米"七融合"(统一推广优质耐密品种、宽垄密植、抢茬机械单粒精播、配方精准施肥、"一防双减"、适期晚收、机械收获)绿色高产高效技术措施,与中国农科院、山东省农科院等共建小麦、玉米国家质量标准中心,实施国家重点研发计划"粮食丰产增效"项目,推动粮食生产向高端、高质、高效转型。制定了《齐河县"吨半粮"技术规程》以及高标准农田提升工程、耕地地力提升工程、现代种业提升工程、增产技术模式集成推广工程、现代农机装备提升工程和科技服务提升工程"六大工程"专项方案,印发了《2021年齐河县秋收秋种技术意见》《应对寒潮天气小麦播种技术意见》《2021年齐河县小麦冬前管理技术指导意见》《2022年齐河县小麦春季管理技术意见》等技术意见,定期发布土壤墒情简报、病虫害防治简报等,通过微信公众号、村级宣传栏、明白纸、基层农技推广培训等形式进行广泛宣传和推广。

(二)组织保障

"千斤担子众人挑。"新农业技术从实验室落到田间地头的过程是一个有组织、有计划的过程,在这一过程中,基层政府各部门、农业专家、农技人员形成了点—线—面的传播网络,为技术落地和粮食增产保驾护航。

农村党支部书记是群众的"主心骨"、发展的"领头雁"、稳定的"顶梁柱",担负着发展经济、维护稳定、凝聚群众、落实政策的重要责任。2013年10月,齐河县在全国率先推行了农村党支部书记专职化、规范化管理,参照乡镇机关在编人员管理,由县委组织部建档备案、审批任免,乡镇党委负责日常管理、监督考核,县财政发放工资,人社部门办理养老保险,年均工资达到近3万元,巩固了党在齐河县农村的执政根基,强化了农村战斗堡垒的作用,保障了粮食高产创建等重点工作的扎实推进。推行农村党支部书记专职化管理,进一步增强了农村党支部书记发展集体经济、带领群众致富的压力感和紧迫感,齐河县涌现出一大批优秀的农村党支部书记。

整合农业专家力量确保高产量、高产能。齐河县聘请了山东农业大学王教授、刘教授等22名专家担任"吨半粮"技术顾问。齐河县积极发展育种产业,种子管理部门也经历了较长的建设过程。1958年齐河县设立种子部门,先由粮食部门主管,1961年转并农业农村局,成立种子站。20世纪70年代以后,齐河县各公社(乡镇)相继成立了种子站,负责种子管理、检验、经营等工作。1986年前,农作物种子实行专营,齐河县种子站及公社(乡镇)种子站为经营主体。2000年齐河县成立齐河绿丰种业有限责任公司。2001年7月1日,《中华人民共和国种子法》实施,对农作物良种实行知识产权保护,小麦、棉花等常规种子实行生产授权、经营委托制度。玉米等杂交种经营实行代理制,即在一定行政区域内(一般以县划分),一个品牌品种只设一家经销商进行批发代理,其他业户零售经营。统一包装、统一价格,区域间不得串货经营,实行返利结算。同时,齐河县放开种子生产经营市场,从事种子经营的个体经营业户迅速增多。至 2010 年,齐河县从事玉米等杂交种代理业务的有包括齐河绿丰种业有限责任公司在内的经销商 10 余家,种子经营的个体经营业户 300 家,均匀分布在县城、乡镇和村庄,年销售各类种子 1000 余万公斤,大大方便了农民群众的用种需求。2021 年 5 月,齐河县政府与鲁粮集团、山东农业大学签订框架协议,共建现代农业研究院,由世界知名育种专家、中国工程院院士孔令让教授领衔,开展小麦抗病品种的选育推广。齐河县还推进繁种基地建设,支持国有企业齐河绿丰种业公司小麦繁种面积达到 3.5 万亩规模,与中国农科院、华中农业大学达成合作意向,计划 2 年内建成国内领先的协同创新育种繁种中心。抓住种子要害,从种业创新中挖潜力、要增量,与中国农科院、中国农业大学、金来种业等深化对接合作,建设协同创新育种中心,3年培育 2 个玉米品种、2 个小麦品种,5 年实现粮食自主研发品种覆盖率 100%,为服务全国农作物育种提供更多齐河方案。

建立齐河县农技推广中心,把原来分散独立的县农技、植保、土肥等专业技术站结合起来,实行统一领导,分工协作,试验、示范、培训、推广、经营服务相结合,大大提高了农技推广工作的效率。同时开展田间地头指导、科技包村、专项推广活动包片、科技赶集各种形式的科技下乡活动。

坚持抓麦田管理和春耕备播"两手抓、两手硬",及早做好种子、化肥、农药等生产资料的调剂和供应,2021 年年底齐河县预计2022 年春季用肥量约 4.6 万吨,便提前储备各种化肥 5 万吨,其中尿素 2 万吨、高氮复合肥 2.2 万吨、二胺 5000 吨、配方肥 3000 吨。同时于春节前与山东省内外大型生产厂家签订了采购合同 1 万吨,根据需求随时供应。时刻密切关注供求动态,加大物资调配,确保供应充足、不误农时。

加强农资市场监管,依法严厉打击制售假劣农资、破坏市场秩序、侵害农民利益等违法行为,让农民群众用上"放心农资"。扎实开展农机具检修服务工作,充分做好零配件和油料的储备供应,保障春季生产作业需要。

为保证粮食产量,齐河县还加强农业灾害性天气预报预警与评估,做好农业气象跟踪和技术咨询服务,快速、准确、科学、有效地应对气象灾害,最大限度地减轻气象灾害对农业生产造成的损失。密切关注极端天气变化,加强预警预报,及早预防小麦冻害、倒春寒、干热风以及玉米热害等灾害,提高小麦玉米周年生产抗逆减灾能力。做好、完善政策性农业保险工作,扩大保险作物面积,增强农业抗风险能力。充分发挥为农服务中心作用,提高粮食烘干仓储能力。

(三)财力支撑

"巧妇难为无米之炊",资金支持是农业产业化的有力助推器,如果缺乏资金支持,一切将无从谈起。在农业现代化过程中,资金支持有利于提高农民的组织化程度,有利于把分散农户的小生产与大市场有效地连接起来,有利于加快科技创新成果的研发及其在农业经营中的推广,有利于推动农业逐步走向现代化。

齐河县成立了中国县域第一家金融控股公司,与中国农科院发起成立 30 亿元的"中农(齐河)产业投资基金",实现了农业发展资金市场化运作,有效解决了资金瓶颈问题。县级财政不断加大支农力度,每年拿出 1 亿元支持粮食等农业产业发展,按照"稳高、提中、促低"工作方针,不断加大扩面力度,实现了低产变中产、中产变高产、高产变超高产的过渡。

近年来,通过集中整合项目、县财政直接投入等方式,先后实施了小型农田水利工程、农业综合开发、中低产田改造、千亿斤粮食产能工程、农田林网工程等农田基建项目,产生了项目叠加效应,齐河县粮田覆盖率、农田有效灌溉率均达到100%。

实施统一供种。新中国成立初期,农民群众自留自用生产用种。1958年后,实行"四自一辅"(依靠生产队自繁、自选、自留、自用为主,辅之国家调剂)种子工作方针。20世纪80年代后,逐步实现了"四化一供"(种子品种布局化、生产专业化、加工机械化、质量标准化、有计划地组织多种形式供种)。1986年,齐河县供种有农户自种自选、基地繁育和引进3种渠道,农业生产用种量450万公斤,良种普及率为42%。20世纪80年代末,齐河县初步形成品种引进推广、生产加工、检验、经营等综合配套的良种繁育推广体系。90年代中期,良种推广应用步伐加快,平均每年引进推广各种农作物新品种20余个。2000年,齐河县农业生产用种量1035万公斤,良种普及率为80%。以后平均每年引进推广新品种30余个。2010年,齐河县农业生产用种量1290万公斤,良种普及率100%。自2012年起,齐河县财政每年拿出1000万元,开展全县百万亩小麦统一供种,良种覆盖率达100%。建设新品种展示示范中心面积共100亩,开展新品种引进筛选、区域试验、展示示范和配套技术推广,观测新品种田间综合表现。加快粮食种植结构调整,扩大强筋优质专用小麦种植面积,2020年推广山农111、济麦44等优质强筋小麦7万亩。自2012年起,齐河县财政每年列支专项经费,开展小麦、玉米统一供种,重点推广"济麦22""济麦44""太麦198""良星77""峰川9号"小麦和"登海605""农大

372""郑单958"玉米品种,良种覆盖率已达100%。为应对2021年小麦播期较晚的情况,30万亩创建核心区在前期每亩供种20斤的基础上,追加100万斤小麦良种,适度增加播量,确保晚播不减产。在政府主导的供种和买种渠道方面,齐河县建立了"县农业农村局—乡镇政府—管理区—村部—农户"的双向信息征集和种子发放路径。到了每年购买种子的时节,齐河县农业农村局就会通过行政路径从村部、管理区、乡镇层层向上收集需要购买种子的农户的需求和信息,政府通过正规的招标采购途径统一向种子公司采购后再层层下发到农户手中。在种子补贴方面,齐河县政府财政在种子公司原价40元的基础上补贴10元,使种子的价格下降到30元。

2021年齐河县财政拿出3738万元专项资金,加大关键环节补贴力度,全力支持"吨半粮"创建。鼓励群众加快秋收秋种进度。对齐河县10月15日前收获完成的玉米地块每亩补贴20元,对小麦种植地块进行深松作业的每亩补贴15元,共补贴资金2102.3万元。投资1000万元高标准建成齐河县农业技术推广中心和14处乡镇农技推广服务站,聘请山东省农科院、山农农业大学等院所10余名专家,担任技术顾问,积极开展科技人员下乡服务活动,通过新型职业农民培育和基层农技推广补助项目,遴选农户开展生产技能培训,建立起由专家教授和县乡技术人员、村种粮能手组成的科技服务网络。

（四）动力激励

中央一号文件明确提出要按照让农民种粮有利可图、让主产区抓粮有积极性的目标要求,健全农民种粮收益保障机制。让粮农始终觉得自己背靠党和国家这个坚不可摧的强大力量,从而安心种粮、认真种粮。齐河县先后出台了《齐河县农业发展奖扶政策》《新型农业经营主体奖扶办法》,对百亩以上种粮大户,每亩给予20—100元的补贴;对运作规范、带动能力强的农民专业合作社、农业龙头企业等新型农业经营主体给予10万—20万元的奖励,并在农机具补贴、免费供种等方面给予倾斜,充分调动起各类农业经营主体发展粮食生产的积极性。

每年拿出110万元开展粮王大赛活动,让种粮不仅有收益还有荣誉,进一步激发农民的种粮热情。华店镇后拐村赵大爷是2014年和2015年的"粮王",2014年他获得的奖品是隆平高科的四万多元的电动轿车,2015年的奖品是北京联创的价值5万多元的奖品(拖拉机、播种机等)。我们发现,很多农民与赵大爷的想法一样,认为"粮王"竞赛可以营造一种"你追我赶"的种粮氛围,"没得(粮王)的想得,得到的还想得"。无论是出于物质奖励,还是出于社区舆论压力,农户们都铆着一股劲想要提高产量,为此会主动参加培训,与农技员、农资经销商或者其他种粮大户交流经验和技术,这样就自然而然地带动了农业技术的推广。

科技示范户:按照齐河县的标准,示范户要求具备耕种面积50亩以上、年龄60岁以下等条件。晏城街道2021年有20个示范户,2022年有10个,该农办主任表示"示范户的数量并不重要,重要的是谁做示范户"。出于刺激生产积极性的考虑,晏城街道的示范户不是固定的,而是轮换的。示范户的福利虽然无现金奖励,但会物化补助,即一年发放7—9袋的肥料和课程培训。肥料一般是史丹利复合肥,每袋80斤,价格在150—200元。

二、已有技术的降本增效

优化资源配置不仅可以提高农业产业链的质量与效率,使其更加匹配市场需求,还有利于资源的有效利用和生态环境的进一步保护,提高农业的综合竞争力和效益的增加。降成本在推进结构性改革中具有基础性、关键性、全局性作用,是有效提高农业质量、效益和竞争力,化解农业结构性矛盾,克服农业发展挑战,推进农业可持续发展的基础和关键。

齐河县作为农业大县、产粮大县,坚决扛牢"粮食安全"的政治责任,在抓好 80 万亩粮食绿色优质高产高效示范区、50 万亩"吨半粮"产能建设的基础上,以"减损"换"增产",千方百计算好每一笔"节粮账",全力推进全链条节粮减损集成改革。

(一)节水控水

齐河县认真落实中央和省市决策部署,主动融入黄河重大国家战略,积极探索符合齐河县资源特点的生态优先、绿色发展新路子。大力推进节水型社会建设,全面落实"四水四定"要求,深度节水控水,2021 年获批水利部县域节水型社会达标县。大力推进现代水网体系建设,水利工程建设资金投入连续三年(2020—2022 年)居德州市第一。大力推进生态农业、节水农业,在确保粮食稳产高产的同时,灌溉水利用系数逐年提高,获评全国农作物病虫害绿色防控示范县。大力推进黄河治理管护,2021 年黄河齐河段以山东省最高分的成绩通过山东省级专家组验收,获评山东省级美丽幸福示范河湖。

大力推广微喷灌、渗灌、水肥一体化等先进节水技术,解决农业用水粗放、低效,节水工艺、节水技术推广不力等问题。积极引导有条件的合作社、家庭农场、种粮大户等新型农业经营主体先行先试、探索经验。加大引黄灌区节水配套改造力度,提升灌溉保障能力和农田水灌溉利用率。

实施"藏粮于地"战略,加大高标准农田建设力度。聘请专业团队,对齐河县高标准农田进行整体高标准规划。后期项目建设时,按照先核心区、后辐射区的原则,分批推进实施。在规划实施过程中,坚持生态、节水、节能等绿色发展理念,积极使用新技术、新材料、新工艺,使工程在满足当前需求的同时更具前瞻性。2022年投资3.9亿元新建高标准农田20万亩,2023年新建高标准农田10.4万亩。在发展管灌节水的同时,在5个乡镇建设高效节水示范片,推广先进节水技术,实现增产增效不增水。加大灌区改造力度,投资5450万元实施韩刘灌区续建配套与节水改造项目,积极争创水利部节水型灌区。豆腐窝灌区续建配套与节水改造项目已列入水利部2023—2025年中型灌区项目计划,获批后2023年开工建设。潘庄灌区、李家岸灌区续建配套与现代化改造工程已经山东省发改委批复,将于"十四五"时期实施。通过持续实施灌区改造,逐步实现耕地灌区化、灌区节水化、节水高效化。

(二)控肥控药

齐河县坚持藏粮于地、藏粮于技战略,在农业农村部的精心指导下,化肥农药持续减量,连续多年实现负增长。加强对农户科学用药用肥的技术培训,大力推广测土配方施肥、秸秆还田、绿色防控、高效精准施药、施用有机肥等技术,确保各项绿色高质高效粮食生产技术落实到位,努力实现化肥、农药使用量负增长。积极培育有技术、有装备、有规模的新型社会化服务组织,大力开展肥料统配统施、病虫害统防统治等服务,提高作业标准和质量,实现科学用肥用药。推广测土配方精准施肥,实施了2万亩水肥一体化项目,创新化肥深施及机械追肥技术,齐河县肥料利用率达38.5%。在山东省率先建立农作物病虫害智能化监测平台,年统防统治面积达到160万亩/次,统防统治覆盖率达到40%以上,被评为全国统防统治百强县。

齐河县推进化肥减施增效,深入推广测土配方施肥、水肥一体化高效施肥等技术,实现节本、提质、增效,2023年,化肥施用量(折纯量)下降0.85%,主要农作物化肥利用率达43%。推进农药减量控害,构建病虫害监测预警体系,推进专业化统防统治和绿色防控相融合,实现科学用药,提升植保飞防能力建设。2023年,提升绿色植保服务能力,发展绿色植保服务组织30家,日作业能力达到20万亩,覆盖率达100%,依托齐河绿色植保公司,提升齐河县统防统治能力,确保5天可完成齐河县喷防,开展小麦"一喷三防"2次、玉米"一防二减"1次,总面积达342万亩,农药使用量下降1.3%,主要农作物农药利用率达到43%。大力发展循环农业,推进畜禽粪污、秸秆、农膜等农业废弃物资源化利用,2023年,齐河县秸秆综合利用率达到97%以上,畜禽粪污综合利用率保持90%以上,废旧农膜回收利用率达90%。

2021年小麦条锈病无人机统防统治全覆盖经验在山东省推广。2022年组建专业化植保服务组织35家,全面推进农作物病虫害专业化防治,年统防统治面积达到200万亩次以上,齐河县实现统防统治全覆盖,有效降低了农药使用量;深入推进全链条节粮减损,投资5亿元,建设6处小麦、玉米产后综合服务中心,以及16处烘干塔、配套粮仓,在全国产粮大县中率先实现乡镇全覆盖,新增粮食储备规模 19 万吨、日烘干能力超万吨,有效确保"颗粒归仓"。

(三)农业废弃物回收利用

齐河县积极推进农业废弃物回收利用,农业废弃物资源化利用水平稳步提高,产地环境明显改善。一是开展废弃农膜回收利用。积极宣传推广全生物可降解地膜,禁止 0.01 毫米以下聚乙烯地膜的销售及使用,开展农膜回收利用试点,健全完善废弃地膜回收储运网络,努力实现废弃农膜全面回收利用。制定了齐河县《农药废弃包装物回收和集中处置试行办法》,建立了农药废弃包装物回收和集中处置体系,在全县范围推广使用双降解地膜,全县农膜回收利用率达到 80%。二是开展农药包装废弃物回收。制发《农药包装废弃物回收处置实施方案》,逐级落实回收责任。督促农药生产、经营、使用等监管主体落实农药包装废弃物回收义务,目前各类监管主体都已设立回收台账和回收桶。三是推广秸秆还田。齐河县扎实推进地力提升工程,大力推广测土配方施肥、秸秆全量还田、增施有机肥等技术,秸秆精细化还田率达到 97%以上,"吨半粮"核心区土壤有机质含量 2 年提升 0.5 个百分点,齐河县首创的"秸秆全量粉碎还田""种养结合化+生物多样化"技术模式获农业农村部发文推广。

综上所述,农业技术推广是一项复杂的工作,也是一个庞大的系统工程,具有较强的外部特性,除了农业科技研发单位、技术推广部门、农村基层单位等自身需要深化改革以外,还要建立起一套有效的保障体系,保障农业技术推广的实效性,保障技术推广工作顺利进行。一方面,需要各级政府与社会各主体的共同配合与大力支持;另一方面,需要相应的法律、政策、资金等多个方面的支持。齐河县从制度、组织、资金、激励措施等方面入手,同时通过节水控水、控肥控药以及农业废弃物回收利用等措施优化提升已推广技术的效果,通过促进内、外部环境的相互支持与配合,为农业技术推广提供了坚强的后盾。

第三章　搭载技术的全方位社会化服务体系

　　农业高新技术的来源往往具有多元性,不仅政府是技术输送的重要主体,市场经营主体同样也在技术链中扮演着重要角色。齐河县作为山东省乃至全国的重要粮仓,同时也是农业技术高地,其技术获得并不仅仅是政府层面单方面的自上而下的技术传递;在市场经济的大背景下,市场主体的能动性也在技术流动链条上呈现出来。本书之前的章节主要从政府的角度阐述了齐河县的先进农业技术从何处来、又如何进行推广的,而在本章中,笔者将阐述的重心放到市场经营主体上,力图聚焦企业、合作社等市场经营主体的社会化服务是如何搭载技术,从而使广大农户能够获得技术的机制问题。通过深入走访齐河乡村,笔者发现在行政力量的范畴之外,农业企业、农资经销商、农民合作社以及种田大户也是齐河县当地重要的农业技术富集者。在以市场经营主体为核心的图景中,有着一张极其生动有效的网络,同时也集合了很多饶有兴趣的基层故事。

　　当我们进一步深入考察农业技术生态链时,发现农业产业化龙头企业、农民合作社、农资经销商实际上代表了两类市场经营主体:农业产业化龙头企业作为集劳动、资本、土地、技术、管理、数据于一体的市场主体,或谓之"产学研用整合于一体的综合体",是当之无愧的技术高地,是农业技术生态链中的"高端类型";而农民合作社和农资经销商则一方面承接来自技术生态链上游的先进技术;另一方面又更贴近农户的日常生产生活,在向下游的农民提供社会化服务过程中起到了重要的桥梁纽带作用,更"接地气""通民情",是农业技术生态链中的"普惠类型"。这两种类型在技术生态链中所起作用都是极其重要的。

倘若着眼宏观,农业产业化龙头企业无疑在当代中国的农业技术结构中扮演着重要角色,值得重点关注。农业产业化龙头企业是引领乡村全面振兴和农业农村现代化的生力军,是打造农业全产业链、构建现代乡村产业体系的中坚力量,是带动农民就业增收的重要主体,在加快推进乡村全面振兴中具有不可替代的重要作用。同时,农业产业化龙头企业又是现代农业经营体系中最有活力、最具创新能力的经营主体之一,在带动农业发展中往往起着重要的作用。农业产业化龙头企业可以导入先进生产要素,是资本密集型和技术密集型农业的示范者、带动者和引领者,其本身的不断发展壮大必然要求吸收外来先进技术成果,而正是在这一过程中,技术在齐河扎下根来,在市场链条上进行有效传播,发挥了提升当地农业整体技术水平的作用。[①] 有学者认为,农业乡镇企业的技术进步能够促进农业增长。它们与农业生产紧密相关,并且在市场竞争中与技术密集的科研院所、农技团队进行合作,通过

---

① 农业农村部:《农业农村部关于促进农业产业化龙头企业做大做强的意见》,中华人民共和国中央人民政府官网,2023 年 8 月 22 日访问。

"公司+科研机构+农户"等形式，打造产学研用一体发展的农业新业态，从而密切与农民的合作关系、提升农民的技术水平，农作物新品种、新生产工艺、新技术产品等农业科技成果也在此过程中落地生根。①

农民合作社也是当代中国农业发展的重要主体，而农资经销商衔接农资、农机、农技市场的上下游产业链供应链，二者在技术生态中的作用也不容小视。农民合作社是在农村家庭承包经营基础上，农产品的生产经营者或者农业生产经营服务的提供者、利用者，是自愿联合、民主管理的互助性经济组织。② 改革开放以来，伴随波澜壮阔的农村改革发展大潮，农民合作社蓬勃发展。农民合作社是市场经济条件下发展适度规模经营、发展现代农业的有效组织形式；同时合作社通过开展土地流转、托管服务和股份合作，促进农业规模化、集约化、标准化、绿色化生产，加快了先进实用技术集成创新与推广应用，有效破解了"谁来种地、怎么种好地"的难题。③ 随着国家对"三农"问题的愈加重视，农资经销商作为农村社会和农业市场上的一大主体，也迎来了其发展的契机。同时，国家对农资经销商所承载的农资销售倍加关注，从20世纪90年代开始，国务院多次下发改革化肥等农业生产资料流通体制的相关文件，深化农资商品和服务的市场化改革，同时还规范农资

---

① 朱玉春、郭江：《中国农业乡镇企业的技术进步及其与农业增长的相关分析》，《中国农村经济》2006年第11期。

② 《中华人民共和国农民专业合作社法》第一章第二条（2006年10月31日第十届全国人民代表大会常务委员会第二十四次会议通过　2017年12月27日第十二届全国人民代表大会常务委员会第三十一次会议修订）。

③ 韩俊：《把农民合作社办得更加红火》，《人民日报》2020年8月11日。

经销商的行为,促进了农资市场的日益繁荣和农资供应。[1] 显而易见的是,农资经销商相较于农民合作社而言,市场性和逐利性也更为突出;但实际上,农资经销商们在农户间也扮演着提供公共服务和技术指导的角色,在农业技术发展中不可或缺。综上所述,探讨农业农村技术下乡问题,农民合作社和农资经销商是其中不可或缺的主体。

然而,市场化主体在以往的农业技术流动中也出现了诸多问题。有学者指出,在社会主义市场经济转型的进程中,农业技术的下乡也由于"各主体的价值取向差异",从而"并未整合出令人满意的多元化服务格局"。其中,"经营性农业服务组织和产业化经营的农业企业"作为一种新兴的农技推广力量,在市场化过渡的过程中虽然具有十分重要的作用,但是"在推广体系中的行为目的是利用技术推广服务来获取经济利益",具有很强的利润导向和市场功利性。这种状况具体表现为,"对商品率高、市场需求强烈、盈利大"的农资产品或者服务项目积极地进行推广;反之则没有推广的动力和行为。[2]

据已有的经验事实来看,齐河县是山东省范围内的农业技术的富集之地。如果说齐河县的突出成果是成为技术富集地,那么齐河县是如何克服上述可能存在的问题从而成为如今的技术富集地甚至是输出地的呢? 市场化主体作为农业发展和农业技术链的

---

① 国务院:《国务院关于改革化肥等农业生产资料流通体制的通知》,中华人民共和国中央人民政府官网,2023 年 8 月 22 日访问。国务院:《国务院关于进一步完善化肥流通体制的通知》,中华人民共和国中央人民政府官网,2023 年 8 月 22 日访问。国务院:《国务院关于进一步深化化肥流通体制改革的决定》,中华人民共和国中央人民政府官网,2023 年 8 月 22 日访问。刘胜:《农资经销商的社会资本的拓展与应用》,吉林大学 2017 年硕士学位论文。

② 张东伟、朱润身:《试论农业技术推广体制的创新》,《科研管理》2006 年第 3 期。

重要参与者,其与齐河农业技术的发展有着密不可分的关系,那么其背后的社会机制是如何运作的? 寻找上述问题的答案,便是本章的任务和使命。在本章中,笔者将聚焦农业产业化龙头企业、农业合作社和农资经销商这三个社会化服务的供给主体,力图从技术获得、技术搭载和技术传播三个重要环节展开阐述,为读者描摹出齐河模式下,市场主体如何搭载、输送技术。这也是本章的目的——为读者讲清楚这幅有机运作的图景究竟是怎样的、有什么成熟有益的经验值得借鉴和反思,由此为我国农业生产实践中的技术发展提供有益的思考方向。

第一节　多元服务主体的技术储备

从整体上来讲,齐河县有着良好的政策扶持条件,营造了一个适合市场主体发展的营商环境,这从当地的一些实践效果中也可见一斑;而齐河县的各类经营主体也正得益于此,如雨后春笋般生长。值得一提的是,适度规模经营和优秀市场主体是技术铺开的有利条件,以下对齐河县市场主体的具体分布和政府扶持的总体情况作一分析。

2023 年齐河县有各类经营主体 2800 多家,包括农业企业、农民合作社、种田大户、农业产业园区、家庭农场等形式。农业企业与产业园区几十家,其余为种粮大户。同时上级要求 2023 年至少培育一家国家级龙头企业,但有一些关键指标根本达不到。现在省级的有齐力新、大农民、盛喜酱牛肉。国家级示范合作社现有 7 家,包括金穗、德春、可军养殖、某某蔬菜种植、杨连粮食、惠群农机服务等。并且,被誉为"农业高质量发展生力军"之一的家庭农场作为一种新型农业发展模式,在齐河县的发展状况也较为可喜。流转达到 50 亩以上可申报注册成为家庭农场,拥有法人资格;从规模上看,登记在册的就有 1530 家,这一数字也是相当令人欣慰的。

毋庸置疑,齐河县的市场经营主体处在一个适宜的营商环境之中,毕竟减轻发展的后顾之忧才能进一步做大做优。然而,营商环境仅仅是市场经营主体成为农业技术的引入者的前提条件之一。虽然这些市场主体有一个良好的发展环境,但是仅拥有这一个条件似乎并不足以使其成为农业技术的富集者。外部的推力固然重要,发展技术的内生动力或者实际需求似乎才是这些市场经营主体提高其生产的技术浓度的必然要求。那么究竟是什么样的原因在吸引着这些市场主体迫不及待地汲取技术的养分呢?要解答这个疑问,需要从市场主体的本质角度进行思考,换言之,必须得从市场运行逻辑的角度思考问题。

一、市场经营主体为何要获得技术?

市场经营主体之所以会加大投入获得高新技术,是因为供给侧和需求侧两方面的因素在其中起作用。从供给侧角度出发,市场经营主体为了提供高质高量但成本更低的优质社会化服务,会更倾向于接纳甚至主动拥抱高新技术,从而提升自己的服务能力或者生产产能,进而赢得更大的利润空间。从需求侧角度出发,高水平农户对高质量社会化服务的追求,以及政府对高质量外包服务的重视而带来的提高农民合作社的准入门槛的提升,倒逼着市场经营主体提升自身的技术含量,赢得更大的市场份额。

从供给侧角度思考,即从农业市场经营主体的自身内在动机出发进行思考,首先需要理解高新技术、高新设备和规模经营之间的相互作用关系。农业机械设备是农业技术的物质载体,高新农业技术必须由高新农机设备承载;而规模经营是高新技术和高新设备大面积铺开的一大可能性条件,为高新技术和先进设备的大范围应用提供了基础;并且高新技术及其物质载体也为适度规模经营提供了生产力增长的巨大动力源泉。此外,值得注意的是,此时农业市场经营主体的重要性也随之凸显。很多技术并不是教会了农民,农民就自然而然地能应用、想应用。高新技术必须要匹配好的机械和好的农机手,由此看来,承载技术的优势主体不是别人,正是市场经营主体。

总的来说,技术创新是农业市场经营主体发展的不竭动力。技术创新力与生产产能是相辅相成的关系,在技术创新中共同提升、相互成就;而农业技术的物质承载者之一是农业机械,先进农业机械的引入和推广会加速先进农业技术的推进过程。例如,秸秆还田技术的推广必须以大型收割还田一体式联合收割机的广泛使用为基础。秸秆还田技术能增加土地有机质,秸秆还田的地块在应用该技术的1—2年以后,其产量就明显多于不进行秸秆还田的地块;并且该技术意味着秸秆即收即切,十分方便,从而能减少很多秸秆运输和秸秆处理的人力物力成本;倘若不进行秸秆还田,地力则会逐年下降,这不利于农业的可持续性发展和产能的维持与稳步提升,同时也会减少农业利润空间。但是,该技术无法脱离大机械,这也使一般的农户在购买这种收割机时有困难。如果没有足够先进的机械,就不能将秸秆切割到约10厘米的足够细碎的程度,使秸秆难以快速被微生物分解,不仅阻碍接踵而至的播种,而且易滋生病菌和害虫,对下茬作物的生长影响较大。正因如此,一些难以获得相应机械服务的农户,才在推广秸秆还田的过程中遭遇减产,进而对秸秆还田技术形成偏见。而市场经营主体实力相对来说较为雄厚,一方面有能力获得先进技术及其物质载体并将其输送给需要农业机械服务的农户,另一方面可以得到技术创新力和生产产能的进一步提升。

如果从实际经营的角度看,农业市场经营主体也会着力引进农业新技术。

首先,技术作为一种重要的生产要素,能够促进农业的适度规模经营,从而为农业技术的推广提供发展的土壤和可能性基础。比如,一些规模较大的、经济实力较为雄厚的市场经营主体相对来说较容易得到这样的先进机械;同时市场经营主体一般也具有较大规模的土地经营,这实际上往往是市场经营主体能够有雄厚财力的先决条件。一些大户购买农机以后给村民提供服务,逐渐积累其技术、人脉、资本,做大做强成为合作社。

此外,值得注意的是"人"的因素,即操作技术的人也在生产要素参与农业生产的过程中扮演着重要的角色。毋庸置疑,农机手作为农业机械的操作者是重要的一个影响变量。相较于庞大的农民群体,操作娴熟的农机手也是一种不可多得的珍贵资源。举个例子,有的农机手处理得好,秸秆处理得较为细碎,这样更有利于还田;而有的农机手虽然处理得快,但做得并不细致,从而影响播种和秸秆还田的效果。这也说明操作机械的人也是值得重视的一个因素,因为作为技术的实际使用者和机械操作者,农机手与农业技术、农业机械和农业一线生产几乎是零距离的。农机手在工作中会积累技术经验、人脉网络和经济资本,是做大做强农机合作社、土地合作社的可能性前提。

其次，追求竞争优势，也是引进先进技术的动力。从生产效率的角度看，更高的生产率与更少的个别必要劳动时间意味着在农业市场上有竞争优势，有竞争优势意味着在市场上能获得更大的份额。先进的农业科学技术又是提高农业生产率的重要引擎，所以市场主体不得不将农业技术的引进放在优先发展的地位上。换句话说，以先进技术拉动生产力、提高自身生产效率是适应市场竞争的必然要求，因此市场主体才迫不及待地更新换代新机械、追求新技术，从而实现更大的产能提升。例如，齐河县某合作社的张老板称其接下来预计花费 30 万元人民币，购入一台大型联合收割机。当笔者问其为何打算购入新收割机时，张老板称这样做是比较划算的，因为可以大大提高生产效率；他进一步介绍道，目前 10 万元的联合收割机收割秸秆的效率是 5 公斤/秒，5 年后还会由于种种损耗，收割效率会降低到 4 公斤/秒；30 万元的联合收割机收割秸秆的效率可以达到 12 公斤/秒，显而易见，这样的大型机械可以抵得上两到三个 10 万元左右的中小型机械。并且如果考虑隐性成本的话，除提高收割效率外，新的机械还能进一步缩减人工成本和收割时间，这对张老板这样的合作社经营者来讲是很划算的。

结合农业生产实际，我们还会发现生产效率提高的直接效果就是能更快地抢农时。在紧锣密鼓的麦收时节，几个小时看似无关紧要，实则意义重大。譬如，假设 100 亩的玉米都在同一天甚至同一个上午完成播种，那么在后续的农业生产中，同一时刻这 100 亩玉米所处的生命周期基本上都在同一个阶段，甚至是差异极小的同一截面上，由此便能减少很多作物管理和作物收割的成本，而如果同一片土地上生长着处在生命周期不同截面的作物，那么在进行打药、施肥、收割的时候就会多出一些"精细化"管理的成本，这样也压缩了最终的利润空间。收获的早与晚，农时相差的几个小时，着实是农业生产者需要计算的精细账、明白账。

最后，从利润最终获得的效果看，先进农业技术引入能切切实实地带来更多利润。生产效率对农业生产的利润获得十分重要，而利润最大化原则也正是市场经营主体所遵循的核心原则。市场经营主体追逐先进技术的核心要义就是获得更多的利润。在笔者的访谈对象中，有一位来自齐河县焦庙镇石门张村的郭支书，1993年开始做小麦机播手以来一直在从事农业机械，当时在村里花十多万元买了一辆东方红拖拉机，负责提供耕地和平整土地的社会化服务，当时的生产效率是一天24小时可以耕200亩地。据他描述，那个年代的农机比较少，甚至可以连续提供这样的服务达一月之久；自己还需要再雇一个司机与自己两班倒。当问到在那个年代当农机手提供这样服务工作的收益时，郭书记称一季就可以净赚5000—6000元，一年合计可以挣到万余元。后来郭书记并没有停下继续扩大产业规模的脚步，1996—2000年郭书记又购进了两台东方红拖拉机；2000—2015年，再增加了两台轮胎拖拉机。经过日久经年的积累，2023年郭书记经营着2015年成立的实力在当地比较雄厚的"永涛农机合作社"，从而使从种到收"机械一条龙"整套服务的提供得以实现。成立农机合作社之后，又添置了两台小麦联合收割机、三台玉米联合收割机、五台120马力以上的大拖拉机。农机合作社的效益相当可观，2023年已经托管了约5700亩土地，石门张村的土地都已经被该合作社托管，节水灌溉的七个村（石门张村也在这七个村中）的项目区虽没有完全覆盖，但据郭书记说"也差不多"，此外还有上万亩政府外包的土地深松项目也是该合作社在做。不仅总的效益与净收入相当可观,而且农机合作社的其他社员也尝到了甜头。因为合作社按比例分红,在土地托管过程中,对自己农机合作社社员的地只收取成本价,这也让这群拥抱技术的开明农民得到了更多实实在在的利润。

从需求侧的角度思考,农业市场经营主体的一大业务领域就是提供社会化服务,而在提供社会化服务的过程之中,首先是高水平农户力求获得更高的粮食产量和更高的生产效益,因此对这些服务的要求很高;其次政府层面的社会化服务的项目分包需求也对农业市场主体提出了更高的要求,并设置了一定的市场准入门槛以倒逼农业市场主体进一步提升自己的产能。高要求呼唤高技术,在以上两方面的合力推动下,农业市场经营主体对农业技术的引入与获得也就成为了应有之义。

首先,作为村里的种田能手和专职农民的高水平农户,他们对技术的要求很高,这是试图适应市场需求的市场经营主体所必须关注的群体。作为市场主体的农民合作社或农资经销商必须要提高自身技术水平才能获得这个群体的市场。笔者在与处在"吨半粮"核心区的刘桥镇战庄村二队的大户老刘交流的过程中得知,作为大户的老刘信任并长期选择小刘(当地一位农资服务商兼种田大户)的主要原因并不是因为和他是亲朋旧故,而是同为种田大户之间的信任。老刘称,"他自己也长期种地,自己也是大户,干活就比种地经验少的更加熟练,玉米、小麦有什么病虫害什么的也更加懂,因为用药多少、用什么药跟当年的气候有很大关系,他当年也在种的话,他就更懂"。所以按照老刘的说法,他找农机服务的关键原则是:找种地多年且有经验的比亲戚关系更重要;用老刘的原话说就是,"就算是亲兄弟,但是种地的年头不多,也不会找他","看人情是不行,要看技术,不然你玉米都打浆了你找谁去啊"。

其次,政府对服务主体准入门槛的资质审核越来越高,这倒逼农业市场经营主体提升技术水平。笔者在和晏城街道农办的光主任交流中得知,成立合作社的标准实际上经历了一个从宽松到严格的历程:2006—2007年要求每个村都注册农机合作社,并可以获得相应的补贴,有一些农机贷款补贴,贷款的利息很低;有一些农机合作社是靠扶贫资金成立的。一开始因为农机太贵,集体和个人资金也不足,政府制定的注册农机合作社的标准比较低。但到了现在,注册合作社首先要有资金、有人手(农机手)、能够批到土地从而建厂房、有农机与农机库及配件,因此2023年的合作社都是本来就有足够启动资金和资源的人注册的。这也就意味着,2023年要成立合作社的人都是已经包了几百亩地、已经拥有了至少三四台农机的、平时已经能靠农机给别人提供服务的人。

而政府为何要提高农民合作社的准入门槛,是一个值得深入思考的问题。齐河县政府所牵头的许多社会化服务需要外包给市场主体才能真正落地,政府首选的外包方肯定是资金、技术各方面充足的大型龙头企业,然而龙头企业并不能对所有农户的社会化服务进行全覆盖,这个时候农民合作社的补充意义就凸显出来了。并且在包给大型龙头企业的项目中,大型龙头企业的农机储备和人力储备不足以使所有项目完全由其亲自完成,无法亲自完成的项目则层层分包给次级合作社、小型合作社、微型合作社,这种层层分包增大了社会化服务无法落地实施的风险。所以,当地政府提升农民合作社的准入门槛具有很强的理性动机,最终是为了提升社会化服务的质量和效益;并且这一举措能减少一些因为成立

"空壳合作社"以套取补贴资金带来的不必要的资源浪费,可谓一举两得。

综上所述,在供给侧和需求侧两端的共同作用下,齐河县的农业市场经营主体致力于引进高新技术以促进自身的扩大再生产,这使其成为齐河县的农业技术富集者,并且也为当地整体技术水平的提升作出了巨大贡献。本节分别阐述市场经营中的两种理想类型"高端类型"(农业产业化龙头企业)和"普惠类型"(农民合作社和农资经销商)是如何获得或者引进农业高新技术。

二、市场经营主体如何获得高新技术?

(一)产学研用整合的"高端类型"

2021 年发布的《农业农村部关于促进农业产业化龙头企业做大做强的意见》提到了提升农业产业化龙头企业发展的五大具体方向,即提高龙头企业的五大发展能力,分别是创新发展能力、数字化发展能力、绿色发展能力、品牌发展能力和融合发展能力。[①] 以上五大能力都离不开先进农业技术的大力支撑,而大型龙头企业的整合能力也促使其能在政府的支持下向以上五大发展稳步迈进。在宏观顶层设计和具体扶持举措的政策东风中,大型龙头企业逐渐形成了集产学研用于一体的大型综合体,而正是依托"产学研用相结合",龙头企业这一高端类型市场经营主体能够源源不断地获得新兴农业技术。

所谓"产学研用相结合",指科研、教育、生产、应用等不同的

---

① 《农业农村部关于促进农业产业化龙头企业做大做强的意见》,中华人民共和国中央人民政府官网,2023 年 8 月 22 日访问。

社会分工主体,在功能模块与资源优势上的协同化与集成化,是科学技术创新链条的上、中、下游的对接、互补与耦合。所谓"产"(Industry),从静态角度看即产业部门,从动态角度看是生产(Produce);所谓"学"(University),即学校,特指大学、高等院校;所谓"研"(Research),即科研团队、科研院所的科学研究;所谓"用"(Use),有"用户""应用"的含义。[①] 通俗地说,即为产业、学校、科研机构、实践应用主体等相互配合,发挥各自的比较优势,形成较为强大的研究、开发、生产、应用一体化的先进系统或者说体系,并在其实际运行过程之中体现出综合性、一体性优势。这样的案例在齐河县域内的农业发展中并不鲜见。

首先,聚焦产业内部环节的协同整合是第一个维度的"产学研用相结合",即龙头企业会重视产业集群化发展带来的技术。其中包括横向扩展和纵向扩展两种典型路径。

横向扩展即龙头企业成为某个领域的专家以后,横向上会往其他农业领域扩展,在本业站稳脚跟之后逐渐拓展新的业务范围。齐源集团即齐河县域内的国有企业山东齐源发展集团有限公司是横向扩展的典范。它成立于 2019 年 10 月 8 日,系县属国有一级企业,总资产约 107 亿元。其基本定位是齐河县重点民生企业,也被赋予了"以国有资产保值增值为目标,以服务全县民生为核心,以创新驱动和转型发展为主题,以全面提升企业核心竞争力为动力,积极主动作为,使'资源变资产、资产变资本'加快推进"的使命担当。值得关注的是,作为县域国企的齐源集团,其体量相当庞大,下设齐源绿季农业集团、齐源环保集团、齐源水务集团、齐源宏

---

① 郝龙飞:《基于产学研用的科技成果转化创新模式研究》,福州大学 2016 年硕士学位论文。

康商贸集团四大子集团,合计四十余家子公司,涉及天然泉水、检测化验、污水处理、食盐经营、肉类加工、交通救援、市政施工、勘察设计、农业开发、电子商务、有机废弃物综合利用、中央厨房、农村旱改厕、光伏发电、乳业、劳务服务等诸多领域。这样的集成性产业复合体,横跨多个民生领域,近年来也在进军农业农机技术领域,雄厚的资本显然为其提供了巨大的优势,它是向横向领域进行扩展的典范。

纵向扩展即龙头企业会往产业链的上下游扩展,形成跨领域、全产业链的技术优势,进而成为当地技术富集者。与齐源集团的横向发展不同,齐力新公司(即当地民营企业山东齐力新农业服务有限公司)则是纵向扩展的代表。笔者在与齐力新公司的李经理进行交流时了解到其个人的致富史和齐力新公司的发展史。

李经理的致富史是一个连续而又阶段性的过程。首先是个体经营期。李经理作为乡村里的"多面手",以农业技术起家,并积极扩展自己的农业领域。就李经理个人而言,他是一个身兼多个头衔的"风云人物":高产优产的种田大户、齐力新公司老员工、技术高超的农业技术专家、优秀的农机手。据他自己介绍,他是一个"喜欢捣鼓机器"的人,拥有拖拉机、收割机、播种机等多种农业机械;并且李经理的学习能力很强。

其次是投资扩张期。随着资金、技术和经验的累积,李经理逐渐有了本钱和能力以胜任较大规模的土地流转。2005年李经理购入收割机的同时开始流转土地,最初只流转了两百多亩;到2013年,李经理流转的土地已经扩大到了包括本村和外村的六百多亩土地,而且其当时成交的流转价是每亩1200元,远高于当地市场价每亩600元。值得注意的是,这些土地连片成方,集中分为两大片,并且年亩产高于大部分农民。

与投资扩张期交织进行的是分工合作期。李经理从一个农业机械服务提供者转型为一个复合型经营者之后,其个人提供的生产力已不能满足其承包的土地所需要的生产力,于是必然走上获取他人提供的社会化服务的道路。他所购买的社会化服务包括播种、深翻、浇水、除草、追肥、收割等,也请农机手来提供劳动,但除无人机之外的所有机械都由自己来提供。针对一些技术含量高的譬如无人机除草等的农活,他就会请专业的社会化服务团队来完成,比如齐力新公司。通过观察这些专业的社会化服务团队的运作过程学习到了农药喷洒的相关技术(譬如农药喷洒的温湿度要求、天气情况要求等)。

从前瞻角度看,富有尝试精神和投资眼光是这类经营者的共性。李经理从来不吝啬对提高种植产能的投资。除雇佣社会化服务之外,他还会适当加大化肥农药的使用量。李经理还经常自己做试验,是一个乐于且善于钻研农业技术的人,包括试验新型的种子和化肥等,摸索新的耕作技术。

由此可见,李经理可谓农村社会中的"多面手",他本身就是一个掌握高技术而且经营能力和业务能力都很强的人。作为齐力新公司的核心员工,李经理加入齐力新公司也反映了齐力新公司在向其他行业扩张的策略:吸纳优秀的农业"多面手"加入团队以完成产业转型。如果考察齐力新公司的发展史,更像是李经理发家史的一个放大版,存在个体经营期、投资扩张期、分工合作期等较为明显的阶段。

齐力新公司由农机合作社发展而来。2012 年,齐力新公司的创始人在齐河注册成立齐河绿士农机植保专业合作社,率先开展农业病虫害防治工作服务。在持续发展的过程中,齐力新公司也从起步阶段逐渐进入了投资扩展期和分工合作期。2014年,齐力新公司购进了直升机、拖拉机等大型农业农机设备,开始涉足无人机飞防作业。早期一直以提供社会化服务为主要营利方式。到了2015年,齐力新公司开始流转土地,并推出了"三三四"模式,即采取齐力新公司、村集体、农民分红比为3∶3∶4的结构,这深刻影响了当地土地流转的分配格局与分配模式完善。目前齐力新公司流转了2000—3000亩土地,托管了3万多亩土地。旗下一共拥有几十个员工,还与16个乡镇的16个合作社合作,将其流转的一部分土地交给合作社管理,可谓发展到了一种巅峰状态。

作为最开始专营化肥农药方面的一家小小的合作社,在扩张之后为什么会转向农机社会化服务呢?究其原因,我们发现农机市场相对于化肥市场更加稳定。农业机械的效果是肉眼可见的,农民看一眼土地就能够看出来,它对使用者的技术要求并不高,而且耕种收的价格较为透明,农民觉得心里有数。但是在化肥市场,大厂和小厂生产的产品鱼龙混杂,难以辨识;同时,化肥质量的识别周期更长,一般需要半年甚至两年的时间才能识别出化肥的优劣。所以农民很难在第一时间对化肥的优劣作出判断。这其实就给了很多不良商家以可乘之机,加之熟人强买强卖的推销手段,使化肥市场上的产品质量良莠不齐,市场监管比较困难,这也导致农民对新化肥的信任度比较低,没有较大的获利空间。因此,化肥市场的内在不稳定性,不利于企业在市场中站稳脚跟,于是齐力新公司的创业团队走上了提供农机社会化服务和土地托管及流转的新路子。

和李经理类似,资金投入与技术尝试也体现了齐力新公司的市场前瞻性,提升了企业的技术能力和生产产能。在探索新路子的过程中,齐力新公司展开了多方面的资金投入,主要有技术方面的尝试,且取得了丰硕的利益回报。首先是种源的开发和选择。齐力新公司有自己的试验田,通过对照实验种源和老品种,筛选出最好的品种进行大规模推广和种植。从老品种"郑单"到"良星77"和"良星99",最后再到"济麦22",能够做到每亩增产五百多斤玉米和三百多斤小麦。其次是加大肥料投入。由于规模化经营,齐力新公司的化肥成本较低,且化肥质量有保障,所以能够通过加大化肥投入实现增产;比如一般农户只施肥一次,齐力新公司则会二次追肥。再次是加大植保力度。植保的技术含量较高,齐力新公司会配备专业的服务团队从事植保活动,比如在飞防作业的时候,会精准把握水药配比、风力、温度等,做到精准施药。最后是改良灌溉设施。齐力新公司的机井不再使用一般的水泥浇筑,而是将材质变成钢筋混凝土,这加固了其坚实程度和耐用性;同时在电力供应方面,齐力新公司更换新的变压器,将电压从350伏调整为400伏,满足了大规模土地更高的用电需求。总而言之,齐力新集团成为齐河当地重要的农业技术富集者之一。

此外,农业龙头企业在"学"和"研"的环节与"用"的过程的协同整合同样至关重要。2023年,山东农业大学与德州市、齐河县共建的小麦产业研究院落户齐河,这实际上为齐河县当地的大型企业带去了技术合作的契机。农业公司给出整片田地用于建设科研基地,为科研机构提供试验场;学术团队和科研机构用技术反哺农业公司,将自己的实验数据及成果与企业共享。因此类似小麦研究院的科研机构落地齐河县虽然是和政府进行对接,但是在进行具体科研项目的时候,政府往往是将合作项目交给企业进行打理,农业龙头企业和学校的学术团队或科研机构得以强强联合。科研团队和农业企业也会直接合作进行科研活动,这个过程中会给企业带来诸多技术上的借鉴。笔者在齐河县焦庙镇周庄村——同时也是高标准农田"万亩方"的核心产区——走访时得知,齐河县当地的齐力新公司划出整村流转周庄村的土地给各路科研团队做实验,这片试验田吸引了诸多院士、专家的团队来这里做实验、搞科研。该村的一位村干部称,因为有科研团队在周庄村,所以除草、打药的活特别多,周庄村的一些村民会给齐力新公司做农田上的杂活;村民在给这些项目做工的时候经常能看到大学生来这里和他们一起工作,科研项目的导师及其学生有时会来农田里进行农业技术实验并采集学术研究所需的各项数据。当然,这只是农业技术科研团队与农业龙头企业合作的一个剪影,类似的实例还有很多,不胜枚举。

(二)渠道更加多元的"普惠类型"

相较于农业产业化龙头企业这样的高端综合型主体,农民合作社和农资经销商有着龙头企业所不具备的优势,他们数量更多、分布广泛,同时更加亲民、与普通农户的生产生活息息相关。正源于此,笔者将结合这一比较优势,谈谈该类型的先进农业技术从何而来。

1. 农民合作社如何获得先进技术?

首先,来自政府的项目扶持给农民合作社以先进技术。前文提到,在落实政府牵头的社会化服务的过程中,政府并不是全能的,无法做到亲力亲为;而是要通过和其他市场性主体进行合作,将项目打包成若干小份,从而摊派给若干市场主体跑完社会化服务的"最后一公里"。在此过程中,县级政府会给合作社一些诸如高产创建项目、土地托管以及土地深耕深松等项目;也有一些扶贫项目,合作社会对贫困户少收钱,翻地、播种与收割比寻常农户更便宜,当然政府会因此给合作社更多补贴,这也是一种对合作社在从事技术性社会化服务工作时的鼓励。

其次,来自政府的技术输送极为重要。除了通过项目对合作社有激励作用,政府还通过组织展销会和培训班的形式向合作社输送技术,对合作社而言并不是被动地接受,而是主动获得新技术促进自身发展壮大。因此从合作社的视角考虑,为了获取高新技术,积极派出人员(尤其是农机手)参加政府搭建的展销会平台和技术培训是理性选择。

最后,合作社在拓展上下游业务的过程中引进先进技术。与齐源集团和齐力新公司等龙头企业相仿,合作社也有类似的技术获得机制,它们常常从自己的专业经营范围出发,引进相近领域的新技术,以扩展上下游业务。

如果关注一些目前齐河县域内的农民合作社从弱小到强大的发展史,以上的技术获得路径便会更清晰地呈现在我们面前。它们或初创于种田大户联合,或起家于农机手的加盟,或发端于村中名人的带动,然后在政策的扶持下,进入"个体经营期""分工合作期"和"投资扩张期"的发展阶段。

最后,进入"政府合作期",政府分包的项目给了它们发展壮大的机会,政府的技术输送提升了它们的技术产能,在自身产业发展的进程中提升了自身实力并逐渐拓展业务范围,从而实现更大范围的技术获得和更多领域的技术服务提供。

2. 农资经销商如何获得先进技术?

首先,与农民合作社类似,农资经销商很大一部分技术也是通过其他相关主体支持的。一是合作社的培训班和展销会平台;二是有企业为了推销其产品组织的技术指导课。调研期间笔者在焦庙镇董燕综合商店遇到的那位农资经销商表示,自己接受培训主要有两个渠道:县城的政府技术指导、企业的技术指导。政府的课程主要是获知目前所流行的病害、防治方法和农技操作时间;以及农作物的种植新技术,比如大豆套种和小麦宽垄密植。企业的技术指导主要是获取新型病害的知识和具体应对的农药以及喷洒方式(比如小麦的锈病和白粉病,需要在叶面进行喷施咪菌酯复环唑这种药品,具体用量是一亩地使用 30 毫升并兑水一桶)和说明某种药品在何种温度和时间下打效果最好(比如"草着火"除草剂需要在下午五六点或者早上十点之前喷洒效果最佳)。

其次,农资经销商除了被动接受农业技术之外,也会主动适应市场去接受新技术以获得更多的生存空间,这是由其市场主体特性所驱动的行为。比如有一位华店镇华耀农资店的经销商,认为他的技术主要来自三个方面:一是农药厂有一年两次参观学习的机会;二是县里会组织高素质农民培训班;三是自己会亲自搞试验。

最后,需要注意到的是,农资经销商的技术获得水平存在参差不齐的现象。据内行人估计,在农资经销商中,大约只有 1/5 或者 1/6 的人真正懂技术,大部分人的知识来自农技站的传授。

农资经销商作为市场链条中的重要一环,其获得技术的来源比较广泛。既有政府和企业的外部输入,也有自己学习钻研这条途径。虽然农资经销商内部的技术水平参差不齐,但齐河县的整体农业技术水平较高。

第二节　技术服务的生产环节全覆盖

从宏观层面看,技术友好型政策给基层农业生产提供了诸多利好;从基层角度看,不管是政府还是市场主体,都在大力引进先进技术以促进当地农业的发展。但是仅仅只有技术的引进是远远不够的,技术如何通过一定的载体达到最终落地实践并得到实效,往往是更迫切也是更难的过程。加之传统的小农户生产具有一定的隐匿性,即小农户生产很大程度上完全由自己做主,外部力量在进入其生产场域中往往会遇到一些障碍,这也给先进技术的搭载下乡带来一定的阻力。

如何解决上述问题,使农户享受高技术的福利,齐河县给出了自己的方案,其中主要有三种机制:一是通过对接政府项目实现搭载;二是通过合作社的服务机制实现搭载;三是通过对接散户的直接服务实现搭载。本节将主要聚焦这三大机制,阐明先进的农业技术如何在载体的帮助下跑完"最后一公里",落实到农业生产的实际之中。

一、对接政府项目,实现技术要求

从宏观层面讲,国家对农业方面的政府项目是十分重视的。在 2022 年 5 月下发的《农业农村部 财政部关于做好 2022 年农业生产发展等项目实施工作的通知》中就提到要加强耕地保护、种业振兴、农机装备支撑保障。具体的要求有稳定实施耕地地力保护补贴政策,加快推进农机装备补短板,推进农业中使用北斗终端及辅助驾驶系统的应用,开展农机研发制造推广应用一体化试点等。[①] 落实到基层政府层面,齐河县推出了"一喷三防"服务、"种肥同播"服务等切实推动技术下乡的服务。然而政府作为行政机关无法对这种技术型的社会化服务项目"一包干",只能借助市场主体的人力、物力资源,将技术送到田间地头。

通过对接政府项目实现技术搭载是重要渠道。从市场主体的角度看,市场主体出于自身利益的考虑,既希望获得更多收益和做大做强,又会主动地对接并承担起相关的项目,这也就使政府制定的技术性政策以农业项目的形式为百姓带来实打实的技术帮助,有时候也会有观念上的更新。就拿"一喷三防"的服务来说,首先可以肯定的是,该服务达到了为农民增产增收的基本目的,据一些农户称当地小麦产量能达到1100—1200斤的水平与"一喷三防"项目的落实不无关系。其次,对一些农民而言,更重要的是改变了农民的意识,比如有一位村干部就曾提到当地的村民看到政府推动这样的打药项目,逐渐明白了打药的重要性,进而从行为上影响农民对农药的使用习惯。对农户而言,接受新技术是有一定风险的,但是来自政府的公信力却让农业新技术在政府主导并负责项目的实施过程中,促成农民观念的转变,愿意尝试新技术、试用新技术。

二、合作社服务机制搭载技术

通过合作社的服务机制实现搭载是关键渠道。在社会化服务

---

① 农业农村部、财政部、农业农村部:《财政部关于做好2022年农业生产发展等项目实施工作的通知》,中华人民共和国中央人民政府官网、农业农村部官网,2023年8月25日访问。

的搭载过程中,合作社往往是承接社会化服务的次级承包商,而像农业企业则是初级承包商。大型企业将社会化服务揽过来之后,并不是自己全流程"一包干",而是一部分自己无法消化的项目分包给与自己合作的农民合作社。此时,农民合作社的服务机制就会深刻形塑技术搭载的模式。

首先,不同类型的社会化服务包含着不同层次和水平的农业技术。农民合作社提供的服务菜单中有流转、全托管、半托管等多种服务类型,也有很多小的服务种类,每一种类的服务都搭载着一定含量或相应层次的技术。一般来说,社会化服务的规模越大,意味着技术含量也越高。有的大型合作社已做大做强,在当地市场中拥有一席之地,和农业企业一样,它们也在进行土地的大规模流转。在流转土地之后,为了适应规模化、机械化经营,实力雄厚的合作社往往会对当地的土地进行改造,扩大土地的规模,注入更高水平的技术。

举例来说,"水肥一体"技术的推广需要配套进行土壤改造,滴灌带需要埋在地表下面约40厘米深,相当于给地表做一个"小型微创手术";由于是由下往上渗透,所以土壤不容易板结,后期不需要也不能够深翻,但是不影响旋耕机旋地(约20厘米深)。滴灌带的一般材质是PPC管,因此可重复使用的滴灌带成本较高,要每亩几百元。大户在落实这种技术的时候显得力不从心,但合作社作为一些土地大户和农机大户的联合体,往往更有实力进行类似"水肥一体"的农田改造性质的技术创新。

土地托管与流转类似,但托管的土地经营权并没有发生实质性的改变,而只是由合作社(有的时候是农业企业)代为经营。所谓全托管,指的是合作社(或农业企业)接管土地耕作与售卖的全流程,向农民支付最后的利润,自己收取一定的服务费。半托管则是介入到农民生产过程中提供社会化服务,但是类似售卖等市场行为仍然由农民自己负责,只是挣取一定的服务费。半托管分两种情况:首先是打包性质的项目化服务,辐射一个村庄,耕种、打药、施肥、收获有补贴,例如种这个过程就可以补贴20元,老百姓拿15元、合作社拿5元;通过这个项目国家可以拿出一部分资金,不收人工费。其次是不打包性质的,农民自愿选择社会化服务,可以省钱,但合作社很不愿意做这种项目,毕竟这种散的项目虽然对农民来讲可以省钱,但对合作社来讲利润空间有限。这其实也体现出政府主导的项目与农民合作社(农业企业)提供的项目之间的差别,企业和合作社是营利性的,指导技术、提供技术服务的同时还要考虑自身的盈利与否。企业与合作社在新产品、新技术上可能更领先;政府推的技术都是风险小、效益明显的成熟技术。

其次,农机手的参与提升了技术实力和服务效益。在实际生产中,合作社还会不断吸纳农机手加入农民合作社以加强并巩固其技术实力,这也在一定程度上提高了其社会化服务的效益。以金穗合作社为例,很多农机手带机入社,邻近的无人机、农机手基本上都加入金穗合作社了。

合作社内部的费用分担机制如下:

使用合作社机械:经费共担。案例:如果总共收入10万元,先拿出5万元弥补(油钱、用工费和机械购买费),剩余5万元由合作社与农机手进行五五开分配,直到设备购买费用扣除完成。

自己带机器入社:合作社按照市场价格将机械钱补贴给农机手;按市场价给工资。

其余费用:工钱单独给农机手;油钱由合作社机械负责人统一

经办，由合作社通过发票报销，农机手统一到合作社加油。

这样的合作机制使合作社将农机手的管理纳入一个良性的轨道中，同时也使这个机制更加灵活，不同的农机手可以选择不同的分担模式，从而进一步提高合作社整体的服务搭载能力。

然后，合作社还会有一套验收机制以保障服务最终保质保量地落实。一般而言，合作社可根据 GPS 数据确认工作量，或者村里出示证明实际工作亩数；服务工作结束后找农户、村委会、政府签字确认质量、数量和服务满意度；农户也能直接进行反馈，可向合作社投诉农机手的服务质量不合格等问题。这样也使高质量、高技术含量的服务能够真正使农户受益。

此外，合作社与农户之间的信任也十分重要。

农户需要与合作社构建起信任关系。所以据金穗合作社的负责人讲，和金穗合作社相比，其他合作社因为规模小，可能只负责耕地这种单项服务，流动性比较大，与金穗合作社相比是不固定的，一般是"合适就干，不合适就不干了"，农户就会对这样的合作社缺乏信任。

当然，受限于规模问题，合作社也有其局限性。合作社能提供的机械不一定那么全，一些中小型的机器没有买。比如一些合作社没有像施肥机这样的小型机械，从而只能求助于有小型农机的大户和散户。

三、对接散户的直接服务

对接散户的服务从而实现搭载是直接渠道和有益补充。受市场规律制约，大户往往有更多的社会化服务资源可以获取，与小散户对接的则往往是农机手和一线农资经销商。对市场经营主体而言,服务于规模化的大户往往有更多的收益空间,但对于土地耕作面积少、实力单薄的散户因其土地比较零碎,并不成片连方,就无法向其提供这些高端的技术服务。这样,小散户就处在一种比较尴尬的地位,先进的农业技术有可能无法被社会化服务所搭载传递到小散户的生产中。然而合作社的缺席其实也给小型农资经销商和农机手以市场空间,齐河县正是靠着"市场—社会机制"将技术送到小散户的田间地头。

首先,最简单的、最普遍的社会化服务就是给农户送货上门。农资经销商在给大户送货的过程中,小农户一般会看看大户用哪个品种的化肥,然后顺带购买。为小农户提供了便利化服务,实现技术落地的"最后一公里",在这个过程中,农资经销商的功能或许是不可替代的。

其次,农资店和农户之间的赊账机制也给小农户提供了许多便利。这种机制由来已久,已经成为当地农村生产生活中的一个风俗。在以往的研究中也有所体现。例如有学者认为,农资经销商可以充当农户的"救急钱包",现实农业生产中"春来赊账、秋后还账"的情况已然从现实需要成为一种风俗习惯。① 小农户的资金不充足,这也导致其不愿意立即给卖方付钱;同样地,农民买农资会赊账,当年卖完粮食才能给钱,因为农民手头没有现钱。在当地农民那里,小麦和玉米的种植过程会被看作一个整体和完整的作物周期,具体来说,农民往往是将小麦的种植过程当作收回成本的过程,而将玉米的种植过程当作取得利润的过程,因此农民往往会在玉米收割之后的时节将上一种植周期的农资花费和农资经销

---

① 朱磊:《农资经销商的转型及其动因分析——基于豫县的实地调研》,《西北农林科技大学学报(社会科学版)》2018 年第 2 期。

商结清,同时开始购进下一种植周期的农药化肥。有的人家因为同时在外面打工,自己的田地比较少,打药的时候可能就让附近的亲戚帮忙请下农资经销商然后先记上账回来再结。除了农资费可以赊账之外,农机服务费也是可以赊账的。

这样的生产消费模式和生计模式影响巨大。大型的农业公司和农民合作社讲究"一手交钱、一手交货",但是保守的小农户会排斥现代市场经济的这种模式,从而使技术惠及更大范围的小农户带来障碍。但是处于人情社会中的农资经销商则很好地弥补了这一技术下乡的短板,因为作为乡土社会中的一员,农资经销商也认同这样的安排,并且并非针对所有的农户,而是只针对小户。而对大户并不进行赊账,因为大户有足够的资金以支付农资花费;而且大户的数额比较巨大,一旦出现问题损失比较大。大户的资金暂时能够维持农资经销商的日常资金流,因此除了熟人社会的人情担保外,这也是赊账制度可以存续的原因之一。

这也不禁让我们思考,面对一些保守而又传统的小农户,我们怎么样帮助他们克服其对新知识与新技术所带来的不确定性与潜在风险的恐惧、怎样在他们既有的消费观念之下形成一个适应于他们习惯的交易模式、如何针对他们的特点量身定制一些机制来改进工作而不是因为赊账这样的习惯将他们排斥在新技术之外。这是更好地完善社会化服务所必须考虑的问题,也是使技术跑下乡的"最后一公里"、惠及更多小型农业主体、实现高新技术全覆盖的应有之义。

然后,农药和无人机之间的互补关系有利于无人机技术的普及。为了更好地经营生意,农资经销商积攒到一定的资本后会购买无人机,充当了无人机机手的角色。农资经销商在售卖化肥农药的时候,会顺带向农户提供农药喷洒的社会化服务。

而当农资经销商与无人机机手的身份不重叠的时候,农资经销商就成为一个很重要的桥梁。譬如无人机刚兴起的时候,购买了无人机的机手通过农资经销商这个中介,将无人机的社会化服务提供给农民。而很多农民在网上了解到无人机后,去农资经销商购买农药的时候,也会向他咨询无人机手的信息。最后农资经销商自然而然地发展成为农户和无人机机手的中介,实现了供需对接,也降低了两者的交易成本,包括时间成本等。这也使经销商所掌握的信息非常丰富,成为一个非常重要的信息源和技术源。

第三节　从技术服务到技术传播的功能拓展

技术的生命力就在于其应用性。在要素充分涌流的经济条件下,先进技术一经发明与获得,就会顺着市场链条进行传播。技术传播是技术应用和落地的重要途径,也是必然要求。农业新技术的传播亦是同理。然而农业新技术的下乡也面临着诸多障碍。首先,技术传播的链条是否健全、契机是否恰当是一件重要的事情。其次,人对新技术的态度往往是复杂的,在拒斥和欢迎之间,很多农户往往是处在犹疑心理和矛盾心态之中的。

根据在齐河县域内的调研,可以得到的健康的技术传播的形式大致可以概括为:农业技术在农业生产中始终处于流动状态,农业技术服务与农业技术传播始终紧密交织在一起。那么在齐河当地,农业技术的具体传播样态是怎样的呢?一般而言,农业技术是从技术水平高的主体向技术水平低的主体进行梯度传播;但在实际情况中,也并非仅仅按照技术水平从高到低进行传播,也有技术水平较低的农户向技术水平较高的市场经营主体或是农业技术员进行逆向流动。在齐河县的农业生产实践中,也存在这两条方向相反的技术流动路径。笔者将这种传播模式概括为"双向梯度传播模式"。

除此之外,互联网的加入使传播媒介趋于多元化,进一步增强了农户获取技术知识的渠道。农资经销商在技术传播网络中起着重要的节点作用,也在运用互联网媒介传播技术上有很高的参与性。正是由于互联网媒介和农资经销商的参与,平面式的梯度传播成为一张更为复杂的"立体式传播网络"。

一、"双向梯度传播模式"

农业技术的双向梯度传播在齐河县是同时存在的。

首先,技术水平高的主体向技术水平低的主体进行梯度传播在技术传播中起着主导作用。第一,政府在农业技术的推广与传播中起着重要作用。譬如,在当地农民的经验中,政府提供的种子比较优质,且政府有一套好的流程和机制(比如,统一分发种子、广播宣传技术,以及灾害预防、种肥混播的技术等),这些都为技术传播打下了很好的基础。同时政府方面还有专家资源,农技站的技术员也会向农户宣传新鲜事物和先进技术。第二,市场主体的参与也至关重要,其中农资生产厂商的作用不可忽视。在社会主义市场经济环境下,政府与普通农户之间,从技术到生产第一线的过程往往不能直接对接;但是市场主体却能很好地发挥传播的中介作用,主动地将先进的农业技术传播到田间地头。并且,市场主体从多个角度,以全方位社会化服务为载体,对农民的生产过程进行覆盖,这也使农业新技术的触角可以渗透到生产流程的方方面面,也为技术的进一步传播奠定基础。比如,生产厂商的业务员作为村级经销商的直接对接人,是技术与农资宣传的上家,在向农资经销商推荐新产品的时候传播技术。另外,生产厂商为了招徕客源、推销商品,会主动举办一些定期的"订货会"和饭局机制的设置,这些举措也会促使技术传播。比如,上游经销商常常通过组织村级经销商到海南、云贵川等地旅游和一起吃饭的形式卖货,既是"订货会",又是"表彰会",更是"动员会";同时,村级经销商在上游经销商的赞助下,也主动邀请自己的重要客户参与"订货会"。依据农业生产的周期,一般一年有两次饭局,农历七月推销小麦农资,农历三月推销玉米农资。在这样的订货会的助力下,形成了一个农资经销商乡镇交往圈子,可以互相拆借物资和资金,同时也更有助于高技术含量的新产品从生产厂家经由农资经销商向下传播。

其次,实践总结在技术传播中也起着不可或缺的作用。人民群众在实践中获得的经验是十分宝贵的,彰显了人民群众宝贵的首创精神和伟大的创造力量。在农业实践中也是如此,种田大户、种田能手在农业实践中积累下了一些珍贵的一线经验,这些经验并没有被齐河当地的农技员和市场主体所忽视。具体地分析我们会发现,在不同主体的农技水平的比较上,政府、公司、农民是三个不同层次:政府主要在宏观上给农民降低机会成本和种植成本,例如统一供种,同时归属政府管理的农业技术员也在指导农民的生产实践;企业则是进行新技术的开发、使用与推广;农民则是实践的经验,实践的经验贴近生产一线,虽然没有前两者的技术浓度高,但是可以通过反馈给农资经销商等市场主体的方式进行梯度传播。

有些种田能手在与农资经销商攀谈的时候就自然而然地将经验技术传播给他们。农资店内一般会非常热闹,农户络绎不绝,除了购买农资,也会路过进来歇歇脚,坐在长椅上聊天。笔者在沉浸式观察的时候,发现这里简直就像个小广场,就连一位等待接孩子放学的农户都会进来坐一会儿,和农资店老板聊几句。其他进来坐的人也大多会交流地里的情况。这就给农业技术从农户到农资经销商的传播提供了可能。

据当地农技人员估计,种地能手基本上每个村都有,大概占农户的1/4,其中一半是大户,另一半是散户;这些种田能手对打什么药,什么时候打药、什么时候浇水都非常了解。这样的信息表明,农业技术的逆向流动有其人员储备。

这一推论在某位农资经销商那里也得到了证实:他称自己在和一些种田能手交流的同时,时不时地会交流一些种田技巧。在他看来,这叫"互相学习"或者"教学相长",再加上自己也很好学,喜欢请教这些种田能手,自己的种田技术也逐渐获得了提升。可见,这也是当地农户向农资经销商传授自己的种田技巧与心得的一个缩影。虽然这条自下而上的传播链的力量并不是那么强大,但这也是一条潜在的技术增长路径。

和上面提到的相仿,普通农户之间也会有相互的信息交流和技术传播。在田间地头,在乡间院落,农户们经常围坐在一起拉家常、话农事,乡土社会的人际交往模式也为农业技术传播提供了深厚的土壤。乡镇范围内的大户彼此之间都很熟悉,在村庄范围内各家各户往往也都很熟悉。在大户里面每个人擅长不同的方向,需要的社会化服务都能在这个圈子里找到,大家互相请对方帮忙。

普通农户也是如此,不同的农户擅长的农业技术有侧重点,那么此时农户们就会取长补短。

二、"立体式传播网络"

"立体式传播网络"是在平面式"双向梯度传播模式"的基础之上增添农资经销商和互联网媒介这两个关键变量后形成的更为复杂的机制模型。相较于"双向梯度传播模式","立体式传播网络"更接近齐河模式的农业生产样态。

在农业技术实际传播过程中,农资经销商是技术梯度传播的重要一极,也是技术传播网的关键节点。技术传播网络与农资经销商所处于的市场网络几乎是同构的;同时作为农资售卖者和农机服务提供者,农资经销商与普通农户相比,具有更多专业的化肥和农药的喷洒知识与实践技术,并且也有着更广的传播渠道。

经销商搭建的微信群聊是其中一个重要的信息传播渠道。同一经销商会有两种不同侧重点的群建立:一种是经销商建群,拉入大户,经销商会在群中依照农时推送按个人种植情况挑选参考的农业技术知识,如玉米三叶的喷药方法和四叶的喷药方法均会在群中知识分享中给出;另一种是销售员拉大户进群后自己退出,群变成大户与大户之间的"吐槽群""分享群"。被访者认为这两个群相比较而言前一个群更有用一些,经销商和他的利益关系正相关,并且农业技术知识更全,可对号入座地选择。而大户"吐槽群"则会出现不同种植户之间因种植情况不同而导致没有有效经验可以参考的情况。

据贾寺村的一位董姓种田大户称,他们村的农资经销商拉了两个群,第一个群是经销商主导的,他经常在里面普及农药使用等农技知识,而第二个群经销商拉好群后就退群了,主要是帮群里的大户们搭一个沟通交流的平台,大户们会在里面分享一些农资使用的经验。董叔认为前者更有用。在董叔看来,经销商更专业,多高的苗、是什么土、施什么种、施什么肥,经销商说得很清楚。而在只有大户的那个群里,大户也说哪个好、哪个不好,但实际上董叔并不知道对方的实际种植情况,他的经验也不一定适用。这样的例子在齐河当地并不鲜见,微信群作为一个重要的民间自发形成的平台,确实为技术的传播带去极大的便利。从农资经销商的角度便能更明显地看出"农资经销商+大户"微信群的技术传播特性。

战庄村的农资经销商孟老板是一个很有头脑的人,是一个专门卖农药化肥的个体户,只要在他那里买了一袋化肥,就会被拉进他的 VIP 客户群,这种模式持续了 3—4 年。该群目前一共有 437 人,群里成员则主要是家里"负责种地的人",辐射范围大约方圆十里到二十里,自己会时隔几天就在群里发小红包,维持群的活跃程度。当每个大户在孟老板那里购买大批量农药化肥的时候,孟老板会发视频、图片和文字到大户群里,告知"谁买多少肥料、什么牌子",以大户带动其他大户、散户来自己这里购买服务。为了让大户心甘情愿地给自己做广告、帮自己拉客户,孟老板有时候也会给一些额外的售后服务,如打药会照顾、会帮忙看有什么病、用什么药,因此他和大户达成了较为良好的合作关系。大户还会带动新的大户来孟老板这里购置农资,比如村里的一位战大爷已经和孟老板建立 3 年的稳定联系,战大爷还帮孟老板拉了五六十户周边大户到他这里来买农资,助其实现业务的扩大。

业务的扩大也就意味着技术传播链的延长。孟老板的技术传播也并不仅仅限于在微信群里发一些视频、图片和文字。据战大爷讲,孟老板的农药化肥在这一带其实是偏贵的,但是他的化肥用下去可以更高产,是技术水平比较高的农资产品,而且经过了很多农户的实践检验。同时孟老板很负责任,他的农资具有高附加值。只要是农户的庄稼出了问题,在群里发微信、图片到群里,孟老板会立马对症下药,而且告诉应该怎么配置、喷洒农药。如果大家在喷洒农药和施用化肥的操作上有什么问题,孟老板也会耐心解答应该如何上手。据战大爷评价,孟老板就像"庄稼的医生",这是孟老板最大的好处。

由此可以看出,虽然诸如孟老板这样的农资经销商以营利为目的,但是作为农户眼中的"土专家""庄稼的医生",在实现自己的营利目标的同时,也在不遗余力地传播着先进的农业技术。技术水平高是孟老板做农资生意的重要砝码,也是其声誉的来源。在农资销售界树立起一个好名声之后,他的客源也会扩张;客源的扩张也就意味着他的技术服务半径得以增大,从而增加了其技术传播的影响力,使更多农户享受到技术带来的便利。

这实际上也是民间信任关系、市场依赖关系和技术传播关系的交织互作。人际信任的构建作为孟老板扩大其市场份额、技术传播面的重要因素,也值得我们仔细审视。对农药化肥经销商来说,做经销商这一行的年数多了,人们才会信任其技术水平和处理农业生产中"疑难杂症"的能力。这就是用时间试验出来的好口碑,在当地也形成了"使用农药化肥的时候'谁说都不信,仅听他的话'"局面。

这样的案例并不是孤立的,与孟老板经历相似的还有焦庙镇老肖农资站的经营者肖老板。肖老板的口碑来源是其技术强、货物好,这也得益于肖老板的苦心经营与积累。并且经过长年累月地主动获取知识,他也成了一个远近闻名的农药技术"土专家"。和孟老板一样,肖老板也在通过额外服务以提高他所售卖的产品的附加值,吸引客户前来购买。肖老板给出的技术指导一般包括农药的水药配比和药品推荐。比如,在农民卖药的时候,肖老板会给出配套的技术方案,也就是农民口中的"开方子",指导农民施多少肥、除草剂怎么打;药品的选择上一般是店主说什么就是什么,村民不会自己进行再次的药品选择。并且在宣传渠道上,肖老板有4个自己是群主的微信群,如高产群、种地大户群、技术交流群等。其中,技术交流群已有千人规模,肖老板会常常在里面提供技术支持;同时,店主也会提供电话、视频等远程问诊,只要发庄稼的长势图片,或者打电话过来说明情况,店主一定会及时给出解释。有时自己还会到田地里指导,看看人家的田用自己的药效果怎么样。

以肖老板为代表的农资经销商是"厂家→业务员→农资经销商"这条农业技术传播链的终端,肖老板的微信群和农资经销商店这个特定空间都会起到农技传播的作用。只不过不同的空间传播效率不同:微信群中的指导可能是不确定的、含混不清的,因为农业技术指导信息或者是一些农业技术类的文章发在群里,农户看没看、吸收没吸收处于未知的状态。但是店里柜面的直接技术指导使农民的技术接受状态成为了确定的、点对点的、精准化的,与柜面上当面指导类似的还有电话和微信私聊指导。

通过上述案例的分析,我们不难发现除了微信群之外,农资经销商对农民的最直接、最有效的技术指导,很多是发生在交易现场的柜面上的。在焦庙镇董燕综合商店孙老板的店里,农民经常到店里说明地里出现了什么样的病害,如玉米被红蜘蛛侵袭、出现了孢子菌病症状等。农资经销商便会拿出相应的药品推荐给农户,并告知稀释和喷施方法,比如对付红蜘蛛的虫满腈一瓶有200毫升,要稀释成6桶药水,一亩地喷一桶。农户基本上会全盘接受孙老板给出的使用指导,不敢自己盲目试配比,一定会在柜面上询问具体的操作方法。

新技术产品的传播和推广往往需要先进行试验,而农资经销商进行试验的案例也体现了其技术性和社会性的交织。对厂家推广的化肥和农药的新品种,焦庙镇董燕综合商店的孙老板表示,他会和三五朋友先在自己的田地里试,或者免费送给熟人用。孙老板以此检验使用后的效果,倘若效果好,才会进一步售卖。这些店主拉着一起试验农资新品的熟人,一般是总来到农资店里咨询药品使用方法的小散户。店主会找关系比较好的免费赠给他新品进行使用,并且农药的见效速度快,具体的好坏容易观察,比如除草剂三天后观察田间杂草是否枯黄就可以初步判断其品质,叶面肥一般七天后就可以看出植株改善情况。这种赠与新型化肥和农药等农资给农民,让他们先做试验的方法,可以使农民对新技术、新产品有较为直接的感知。当然,这也是一种对新技术、新产品的宣传,使其更容易使农民更加信任新技术的效果。

依托短视频平台的技术传播也对农民学习新技术有促进作用。短视频、直播平台具有很强的社交属性和兴趣匹配功能,这种特性应用在农技推广领域,提升了农技短视频创作者与农技需求者的配置效率,让观众看到真实且即时的农业生产场景和农技操作过程,并连接农技创作者和受众直接进行互动交流,帮助不同禀赋、地区的群众更好地学习和掌握相关农业技术。宏观来看,据

2022年7月发布的《抖音农技知识数据报告》显示,过去一年,抖音农技知识相关内容投稿量增长50.4%,万粉创作者增加了66.9%,相关视频日均播放量突破10亿。数据背后,反映出短视频、直播平台上农技知识内容"供需"两旺,内容生态正在加速构建。《报告》同时指出,短视频、直播平台通过大数据智能推荐机制,提高了农技供需的配置效率,提升了农技推广的普惠性。在以往的农技推广体系中,中小农户在技术获取方面存在绝对劣势。短视频、直播平台的智能推荐机制实现了按用户需求、兴趣实现的匹配和推送,这保障了技术传播的公平性和普惠性,为中小农户通过线上途径公平地接触、获取农业技术提供了机制上的支撑。[1]

互联网视频平台等传播媒介在一定程度上能够打破技术壁垒。在齐河当地也是如此。例如小李村的崔叔第一次接触到无人机便是通过手机抖音。他发现无人机省力省药又省时,而人工洒药又累又热,而且要耗费两天时间才能洒完。人工成本也高,雇人要每亩10块钱。但如果用无人机效率很高,仅仅需要两个小时;而且省药省钱,每亩地只需5元左右的成本,比人工质量更好。互联网平台上的短视频凭借它的直观生动,使崇尚"耳听为虚,眼见为实"的农民看到了切切实实的效益,能够极大地减小技术推广的成本。

农资经销商也会通过抖音、微信视频号等传播其门店的信息和农技知识。比如上面提到的肖老板,他的最大业务辐射范围借由抖音可以到方圆15千米远。有个农户在抖音上的肖老板的视频评论区说道,自己家的地招虫害打了五次药还没好,肖老板回复

---

① 《流量扶持农技创造者,抖音签约中央农广校共建农技视频知识库》,新华社,2022年7月28日。见 http://finance.people.com.cn/n1/2022/0728/c1004-32488159.html。

评论称让他到自己的店里,对方驱车 15 千米前来,买了农药用了一次就解决了虫害的问题。由此可见,基于互联网的技术传播扩大了农资经销商的服务范围和技术指导范围。没有互联网传播平台加持的农技传播圈的边界最多拓展到方圆十华里,也就是正常人步行一到两个小时的距离。可见互联网媒介的加入,对农业技术突破乡土社会的传统范围有着很大裨益。

行文至此,回顾市场化主体在齐河农业发展中扮演的技术角色,笔者不由得有些许感触。市场经营主体天生具有逐利性,获得更多的利润是其本分;然而在齐河当地,在乡土社会的形塑下,这种逐利性与社会性交织,在齐河的社会化服务中扮演了举足轻重的角色。从技术获得,到技术搭载,再到技术传播,齐河的市场经营者们始终活跃在推动农业技术最终落地的实践之中。

在技术获得层面,市场经营主体受供给侧和需求侧两方面的影响而提升自己的技术能力,以适应市场准入标准和现实需求。为此,它们积极引进高新农机,进行适度规模经营,以追求比较优势和更大的利润空间。齐河的"高端类型"主体多元整合自身产业结构,发挥"产学研用相结合"的强大优势合力,而"普惠类型"主体则是技术渠道更多元的技术富集者,来自政府项目的历练机会和技术输送,来自企业的技术指导与培训,以及自身拥抱新技术以适应市场需求,使"普惠类型"主体也获得了一定的先进农业技术。

在技术搭载层面,齐河的市场经营主体在一定程度上突破了小农户生产较为封闭的时空场域,将先进农业技术通过一定的技术搭载机制使普通农户最终收益,使技术下乡跑完最重要的"最后一公里"。或通过对接政府项目而实现技术搭载,或利用合作社服务机制实现技术搭载,抑或直接对接散户,使处于市场边缘的小散户也被很大程度地整合到了技术搭载链上来,很大程度上实现了农业技术的普惠式发展。这一点其实有较大难度。由于生产生活方式所限,农民往往对新技术和新产品有不信任的一面,但是与他们的生产生活相联系的各类市场中的主体却在一定程度上帮助他们倾向于拥抱新技术,从而掌握新技术。"无心插柳柳成荫",市场经营主体在一些条件下会比农技员传授技术的效果更好。

在技术传播方面,齐河当地既有从技术水平高到技术水平低的传播,又有与之方向相反的传播,这种"双向梯度传播模式"既是客观现实和市场经济规律的反映,又反映了人民群众的首创精神和实践创造力。在此基础上,处在多重网络之中的农资经销商提供的精细化技术指导和互联网传播媒介的加入使齐河的技术呈现出"立体式传播网络"结构,这也进一步加强了技术下渗和全方位式的覆盖。

除此之外,还有一个很值得关注的点:很多市场经营主体,特别是农资经销商,往往是农村社会中的"多面手",具有多重身份。有时候一位农资经销商往往是集种田大户、种田能手、农机手、土专家于一身的乡土能人和村庄名人,有的是原来的政府干部,有的现任一些村中的职务,可以说是技术下乡过程中的关键节点。我们常说要在实际工作中抓重点,那么这样的"多面手"就是在推广农业新技术新产品过程中的重点。

第四章　农业技术的多元整合与示范带动

本章围绕"新兴农业技术如何向下传导进而为小农户接受和掌握"这一问题详细解构齐河经验在技术扩散上的过人之处。齐河县之所以能够获得粮食稳产高产的辉煌成绩,一方面要归功于齐河县积极作为的地方政府、坚持创新的科研团队,另一方面更加离不开齐河县内生的技术学习网络和技术扩散机制。

作为技术传导和扩散的对象群体,种植主体内部根据经营规模不同、机械化程度不同、专职化程度不同、对新鲜事物的接受能力不同等导致了客观上分化,产生了具有示范功能的"大户"和兼业为主的"小散户"的分层。以家庭内部联产承包责任田为主要种植范围,以非农经济收入为主而兼顾农业经营收入的农户,即所谓"小散户"。

实际上,从覆盖面积上看,小散户的经营模式仍然是齐河县粮食生产种植的主要模式,因此,齐河县粮食生产的稳定性和高效性,关键在于小散户对新型的、先进的农业技术的接受度,以及小散户生产过程中接受的农业社会化服务的质量高低。

在以小散户为主的农业经营结构下,确保小散户兼业形态下的粮食产量,是齐河县夯实县域粮食稳产高产基础的关键。作为山东省现代农业强县、秸秆综合利用全国重点县、山东省区域性良种繁育基地,齐河县在小麦和玉米种植技术的引入与实践上已经走在华北平原乃至全国粮食主产区的前列,成为粮食稳产高产的排头兵。2022年,齐河县粮食种植面积229.19万亩,总产28.75亿斤,实现"二十连丰"。20万亩"吨半粮"核心区小麦、玉米平均亩产分别为693.91公斤、852.42公斤,全年亩产量达到1546.33公斤以上,实现了20万亩集中连片"吨半粮"生产能力建设目标。齐河县掀起粮食增产大会战、积极推进"吨半粮"生产能力建设的相关经验,先后被山东省农业农村厅、农业农村部以简报形式刊发推广。2022年10月16日,央视《焦点访谈》栏目以《秋收时节好"丰"景》为题介绍了全国粮食生产情况,对齐河县粮食生产的先进经验和做法进行了报道。

具有示范功能的规模经营主体,即所谓"大户",实际上成为了齐河县农业技术传导和服务体系的中心,既是各类种植技术和机械技术的承接整合体,又为低风险承受力的小农户提供了先行者的实践经验。对应到地方政府的政策文本中,与"大户"相关的表述包括"示范主体""家庭农场""规模经营"和"农民合作社"。一般而言,能够被地方政府评选为"示范主体"的种植户相较于大多数小农户而言,具备更大的种植规模、更高的专职化程度、更多的农业机械和更强的抗风险能力。这些具有一定规模的农业经营主体成为地方政府向下传导技术、宣讲政策,向上收集需求、采纳建议的中间枢纽。

在这种"政府引领+大户示范"的实践带动模式下,农业生产实现了县域范围内的总体提升,形成了县域范围内的高水平粮食生产体系。这使基数庞大的小农户逐渐对接上高水平的社会化服务体系,逐渐习得粮食生产种植现代化的技术知识。最终呈现出以规模经营主体为中心的农业技术整合机制、农业技术扩散机制以及农业技术实践创新的正反馈机制,牵引着齐河粮食生产技术体系的不断更新和多元粮食生产经营主体的可持续发展。

第一节　大户的技术更新机制和整合机制

既有研究认为科技示范户和传统小农户在农业种植的技术应用和管理方式上存在显著的行为差异,这种差异普遍体现在人力资本、务农规模、信息与技术的获取三个方面。[①] 研究认为科技示范户相较于小农户而言拥有良好的人力资本、务农规模和信息与技术获取的资源,这些优势使他们具备了更多现代农业经营所需要的职业素养和特征。这些素养和特征在实际的生产经营和市场营销的过程中转化为更加具体的经济优势和社会资本。除了自身的经营优势之外,科技示范户、种养大户、家庭农场主、合作社带头人等规模经营主体也是政府推动和实现农业生产方式现代化的重要媒介,是新型农业技术扩散和农业信息传播的重要网络。

在齐河的地方实践中,"大户"是指种植面积超过 50 亩的农户。齐河县的大部分种植大户都是农业农村部门登记在册的"农业科技示范主体"。作为农业种植群体的"带头人""乡土专家",大户主要有三种获取新型技术的信息渠道:一是地方政府农业农

---

① 张董敏、齐振宏、李欣蕊等:《传统农户与科技示范户两型农业行为差异分析》,《中国农业大学学报》2014 年第 5 期。

村部门定期组织的、由山东省农科院和山东农业大学专家教授开设的培训课程;二是由各个经营农业机械、种子、化肥、农药等农资销售的公司组织的线上分享和线下展览的营销推介活动;三是观察和模仿当地的大型农业种植企业中更加高效的种植技术和管理经验。

一、大户获取技术信息的多元渠道

首先,大户作为"农业科技示范主体"能够链接到地方农业农村部门的各项政策福利和市县级农业农村部门举办的多种农业主推技术相关的培训活动。齐河县农业农村部门每年都会发布"关于推介发布齐河县农业主推技术的通知",通知内容围绕当年中央一号文件和全省农村工作会议、全省农业工作会议精神拟定,以强化农业科技推广应用,引导农民积极使用先进适用技术为目标,结合本县农业产业特色,具体化当年本县的主推技术并对各个乡镇、街道办和局属业务站室公布。每个乡镇上都设有农业综合服务中心,该部门的职能是综合管理农林牧副渔行业。以齐河县焦庙镇为例,焦庙镇的农业综合服务中心有8位技术人员,其中5人有高级职称,1人有中级职称,都具备农学的专业背景。在分工上,这8位工作人员内部并不按空间分片,他们每个人都是农业技术上的综合型专家,提供各种技术支持。乡镇一级的农业技术人员是直接面对规模种植的大户开展工作的,例如对接以农业种植大户为主要对象的技术培训,包括高素质农民培训、种植技术培训、示范主体的培训和示范田的种植指导。

农业科技示范主体的技术培训是大户获取技术信息的重要渠道之一。齐河县以县农业技术推广中心为龙头,乡镇(街道)农技推广服务站为主导,村级科技示范户为根基,构建起了上下联动、高效运转的三级农技推广体系。在县级层面上,这一农技推广体系持续加大投入,累计投资1000多万元,建成了1处县农业技术推广中心和15处乡镇(街道)农技推广服务站,均为财政全额公益性事业单位,建立起一支稳定的农技推广队伍。目前,齐河县拥有农技推广人员240人,其中专业技术人员205人,平均每万亩农田拥有2名专业技术推广人员,从根本上解决了农技推广"最后一公里"的问题。在乡镇层面上,按照"每个中心辐射人口5000人左右、最远村庄到中心不超过3千米"原则,投资5000万元在全县设立了104个农村社区党政管理服务中心,做到了有人员、有设备、有经费、有场所,将农技推广列为中心服务的重要内容。目前,齐河县的乡镇农技推广人员达到158人,占全齐河县农技人员的66%。农技推广人员全部深入田间地头,为农民群众零距离提供技术推广、农资供应、农田托管、土地流转等服务,成为农民致富的贴心人、紧密干群联系的催化剂。在村级层面上,每村遴选出5—10名科技示范户,全县共6600户,实行县乡农技人员"盯村包户"制度,每个农技人员包保10个以上科技示范户,每个科技示范户发挥"邻里学、邻里帮"作用,带动20名以上的普通农户,进地入户,推广先进农业技术,实现了"县有技术专家、乡有技术指导员、村有科技示范户"的良好局面。以2020年为例,齐河县15个乡镇和街道共上报汇总近380家农业科技示范户。

在"基层农技推广补助项目""粮食绿色高产高效单产提升项目""高素质农民专业技能培训项目"等中央、省、市、县各级的财政拨款项目的支持下,众多的农业技术示范户能够直接对接到地方政府农业职能部门的工作人员和省级农业科研院所的前沿技术专家。例如,县级农业农村局的农技站、土肥站、种植业管理股、科技教育股等站室,各个乡镇的农业农村办公室,以及县域范围内的农业技术指导专家队伍。县、乡两级的农业部门会定期组织种植大户参加培训,培训课程一般都是由地方政府内部的农业技术专家进行讲授。这种专业培训每年会组织7—8次,不收取费用,在优先向种植大户开放的同时也允许种植规模较小的农户旁听学习,每次课程的听众能够达到100余人。种植大户对政府内部农技专家授课效果的总体评价是较高的,认为总体上是有正面的宣传教育的启示作用。根据《关于遴选2020年基层农技推广补助项目农业科技示范主体的通知》,农业技术示范主体具有生产实践经验丰富,生产经营规模较大,种植水平较高、技术能力较强、自愿参加培训、示范作用好、辐射带动强等特征。评上农业科技示范主体后,经营者能够获得地方政府和农业技术专家的诸多政策性、技术性支持,包括:(1)参加技术培训,获得技术资料,接受技术指导服务;(2)优先获得新品种、新技术示范试验项目;(3)享有一定的物化技术补贴。

其次,大户链接到新技术和新产品的第二种信息来源是种子、农药、化肥等农资经销商。农资经销商能够通过种子、农药和化肥上游厂家的技术培训获得最新的市场行情和技术信息。这些最新的市场行情和技术信息通过农资经销商之间的交际网络进一步扩散到县乡层级的经销网络中,再通过基层经销商传导至种植大户和小散户。每个大户都有自己长期合作的农资经销商,大户能够通过不同的经销商了解到各个品牌农资最新的产品及其功效、优缺点进而决定是否采用,除了选择产品时的推荐。

当然,除了政府提供的官方培训、农资经销商的推介活动,大型农业企业的种植技术和管理经验也是大户们积极观察和批判性吸收的对象。对规模较大的农机合作社而言，例如金穗合作社和华耀合作社，它们在技术更新和产能竞争上对标的对象是比自己规模更大的农业企业和涉农企业，例如齐力新和齐源。为了解决玉米晾晒的实际问题，齐源集团在各个乡镇建设了大型的烘干和储存设备，有利于解决大规模种植面临的晾晒空间有限的难题。受此启发，一些农机合作社也引入了小型的、更低成本的烘干设备，以方便周边的种植户购买烘干的社会化服务。又如，有经验的种植大户会留意、观察和比较附近农业企业使用的种子、肥料和农药，遇到增产效果明显的种子或农业就会模仿使用，遇到经营失败的教训也会帮助自身规避。通过这种自发地观察、比较和学习，本村本镇的种植大户实际上是在农业企业实践经验的基础上有选择性地学习和模仿。

二、大户作为技术整合的中间枢纽

既有研究证明，农业科技示范户、合作社组织等规模种植主体在对待农业技术的认知、态度和使用上都呈现出更加积极的倾向。例如，规模种植主体能够通过农事管理记录观测、记录和调整测土配方施肥技术的实际效果，有效地运用新技术以达到减少肥料流失、提升粮食产量的经营目标。[1]　正是通过更加精细的、积极的技术采纳和种植试验，大户们成为了地方粮食种植的技术高地，这一技术优势实现的关键在于长期关注、及时整合和改进最新的农业技术和管理经验。

---

[1]　冯燕、吴金芳：《合作社组织、种植规模与农户测土配方施肥技术采纳行为——基于太湖、巢湖流域水稻种植户的调查》，《南京工业大学学报（社会科学版）》2018 年第 6 期。

到 2023 年,齐河县已经有注册登记的家庭农场 418 家,家庭农场中达到县级以上示范场的有 55 家,其中,省级示范场 8 家,市级示范场 28 家。到 2023 年,全县范围内种植规模达到 50 亩以上的种粮大户有 801 家。全县范围内的农业社会化服务组织有 486 家,其中,省级示范组织 2 家,市级示范组织 15 家,县级示范组织 5 家。

客观而言,规模种植的大户在农业技术推广和实践的体系中,扮演着至关重要的技术扩散的中介角色和技术整合的枢纽作用。一方面,大户作为专职化种植的农业经营者,其用心经营的社会网络使其成为多种农业技术的信息渠道相互交汇的枢纽。另一方面,规模经营的农户往往是农业种植或农业技术领域的土专家或资深经验者,因此大户自身对最新技术信息的筛选和尝试本身就是农业种植领域前沿的创新实践。因此,大户实际上是地方农业种植领域技术整合和实践创新的中间枢纽,对农业技术的扩散与落地有着至关重要的作用。

首先,大户能够立足于自身种植经验,对新获取的技术信息进行有效地整合和筛选。种植大户和农资经销商们普遍能够通过政府农业部门的技术培训、齐力新等涉农企业的宣传活动、农资企业经销体系的交流活动等多种渠道接触到各种各样的新产品、新技术和新经验。这些能够将各种技术信息与自身的种植经验相整合的规模种植户常常被称为"土专家"。土专家们对技术实践的试错经验有着第一时间的反馈,例如曾获单产"粮王"荣誉的种植户在实践中发现玉米成熟之后不能够再打除草剂,否则会影响后续小麦种的成活率。因为除草剂的药效在 50 天至 80 天,小麦长了三叶至四叶之后,根会向下生长,碰到除草剂以后就会死掉。

在面对新的农业技术和管理经验上,规模种植的大户和土专家们对新事物、新技术的接受度和尝试度比小散户更深、更高。新的农业技术包括新的种子品种、农药产品和农业机械等;新的管理经验包括适度密植、种肥同播、水肥一体化①等。以玉米生产中的"精准施肥和水肥调控"技术为例,滴灌带技术能够较好地解决玉米种植过程中的灌溉难题。安装滴灌带既能够大大减少人力雇工的费用,又能够避免传统式大水漫灌导致的水源浪费问题。虽然滴灌带的优点众多,但是因为成本高昂,所以鲜少有粮食种植户使用,而主要在蔬菜和水果种植中使用。市面上提供的滴灌带的材质是PPC管,这一材质能够重复使用但是每亩地的投入需要一两千元。由于土地流转的频繁性和土地种植的不确定性,因此鲜少有规模种植户愿意一次性投入数十年的滴灌设施的成本。不过,规模种植户借助丰富的种植管理经验和市场交流信息实践出了一套折中的方案,改变了滴灌带所用管道的材质,即用更低成本的管道铺设使用年限在一两年的滴灌带。华店镇有个种粮大户用普通的塑料管自制了一个滴灌带,将成本降至每亩几十元,能够维持一年效用。根据农业技术人员的工作经验判断,种植规模在100亩以上的农场安装滴灌带在粮食经营上是更加经济划算的。目前,华店镇已经有16个种植规模在100—800亩的大户联合起来,共同建立了滴灌带项目的试验田,总面积能够达到

---

① 水肥一体化涉及节水灌溉和植物营养两方面。水肥一体化应用技术由高效节水灌溉设计与实施、水溶肥料、根据作物需水需肥规律拟合灌溉施肥方案组成。从严谨的高效节水灌溉项目设计开始,根据设计要求的参数,安装性价比高的灌溉施肥设备和选择便于自动化的水溶性肥料,辅以科学合理的微灌施肥方案,最终形成规模种植农场定制化、科学的水肥一体化管理方案,实现农产品规模化、标准化和高工效生产。

4000 亩。

规模种植户对新技术和新产品的接受度和尝试度高有两方面原因:第一是规模种植户在经济储备上切实有充足的资金用于购买或更换最新的机械;第二是专职从事农业生产的大户相较于兼业的散户主观上更愿意在生产资料上加大投资,对粮食增产增量的愿望也更为迫切。与规模种植户形成反差的是,小散户对农业技术的更新换代并不积极,一方面是因为小散户的农业经营在整个家庭的经济收入结构中处于次要的位置,因此在农业生产上的预期投入十分有限。另一方面也是因为小散户农业主要是"老人农业",老人仍然保留着比较传统的耕作习惯和种植模式,抗风险能力弱,因而对待新产品和新技术的态度比较保守。除了上述规模种植户、小散户不同种植类型主体自身的特征和倾向之外,还有第三方因素的影响,即规模种植户或专职种植户在技术获取的路径上比小散户渠道更多、信息更充分,因此规模种植者对一项新技术或新产品的了解和掌握程度自然也就比一般的小散户更深,能够在使用之前多做打听、多番比较,做好风险规避,想好应对措施。

其次,作为职业农民的规模种植户会在生产过程中有意识地围绕"增产减损"进行技术融合和创新实践。一部分种植大户或农资经销商会建立自己的试验田,用于小规模地试验新型的种子、化肥、农药的增产减损的效果,在实际确认新技术或新产品确实有效之后才会推广应用到农场的所有田地上。除了种子、化肥、农药这些生产资料的创新实验,种植大户对新的种植管理技术也有着更敏锐的嗅觉和更积极的尝试。例如一些种植大户会在小麦播种后进行二次镇压,通过镇压保墒①,使小麦在遭受冻害天气的时候免受摧残。这一做法一开始只是小规模的尝试,在普遍获得积极效果之后进一步得到推广和应用。

规模种植户在技术融合和创新实践过程中创造了许多"土方法",这些土方法主要是在使用方法和用药技巧上进行创新,所追求的效果是更加精细化地种植,在新技术和新产品的加持下更好地实现增产减损的目标。这些将新技术融会贯通的土方法包括药品选用技巧、稀释勾兑技巧、确定合适的行距以及不要盲目补苗等多个方面。第一个技巧是在药品选用技巧方面,有经验的大户提出除草剂和农药的搭配使用,并强调最合适的打药时间是种子破土10天后,此时幼苗刚刚长出3叶(10厘米),防虫的主要对象是防蓟马、地老虎等,成本大约在5元/斤。第二个技巧是在农药的稀释勾兑技巧方面,农户可以先将除草剂和农药各自稀释好,等到要用时再在现场混合在一起喷洒。一些种植大户发现如果先把药倒进药桶再加水搅拌的话,药和水会分离,喷洒时农药会堵在喷管里导致喷洒的效果并不均匀,所以许多土专家便提议先将药水在桶外稀释好再加进药桶里喷洒,如此一来才能达到均匀的喷洒效果。第三个技巧是将贴茬种植技巧和适度密植相结合,通过精准计算小麦和玉米种植行距的最小公倍数来控制行间距,否则就会造成土地的浪费。第四个技巧是在补苗方面,粮王表示不能盲目地补苗。因为苗要齐、全、旺才能保证亩产,因此不恰当的补苗反

---

① 镇压保墒指的是使用农具对土壤表面进行适度压实,以减少土壤水分的蒸发,从而达到保持土壤湿润,促进作物生长的目的。在干旱地区或干旱季节,镇压保墒技术尤为重要,它能有效提高水分利用效率,减少灌溉需求,同时还能抑制杂草生长,改善土壤结构,为作物提供更为稳定的生长环境。这一技术的实施,不仅有助于提高农作物产量,还能在一定程度上缓解水资源紧张的状况。

而会导致后苗长得弱、易倒伏,进而影响周边其他苗的生长和收获。

由此可见,通过多种渠道的信息获取、技术整合,齐河县形成了以各个大户为技术节点的多层级、立体式农业技术扩散体系。到 2023 年,齐河全县共培育农民专业合作社、家庭农场、种粮大户等新型农业经营组织、农业社会化服务组织 2800 余家,粮食综合托管率 91%,年社会化服务面积 900 万亩次,覆盖小农户近 13.5 万户,亩均节本增效 300 元以上,带动 1016 个村集体经济收入全部超过 20 万元,有效实现了村集体、农民、社会化服务组织三方共赢。作为技术整合和实践推广的大户,向上承接政府政策体系、专家指导体系、市场营销体系,向下衔接村庄社区内小型的、分散的种植农户。大户成为县域范围内农业技术多元整合的中间枢纽和关键机制。

第二节　小农户的技术鸿沟及其跨越机制

在农业技术更迭的浪潮中,小散户和规模种植户作为不同特征的经营主体,面对同样的新技术和新产品往往秉持着截然不同的态度。既有研究将不同类型的农业经营主体对待农业技术的态度和采纳的行为进行了比较分析,发现农业经营者的受教育程度较高、有过服役经历和经济状况更好的农户更容易承担新技术引入的机会成本和经济风险。[①] 而受教育程度较低、经济状况较差、

---

① 孔祥智、方松海、庞晓鹏等:《西部地区农户禀赋对农业技术采纳的影响分析》,《经济研究》2004 年第 12 期。

经营规模较小的农户往往难以承受农业技术引入的使用成本或机会成本而选择观望。那么小农户是如何克服对技术引入的风险顾虑、实现对技术鸿沟的跨越呢？

规模种植者因为其职业化经营、规模化种植的主体特征，他们非常渴望新技术和新产品、新管理经验带来的利润增长空间，因此遇到新的技术或种植管理经验，规模种植户的尝试会更加主动，反馈也会更加积极。而种植规模有限、处于兼业状态的小农户家庭因为土地面积有限，如果不是非常成熟可信的技术、能够以较少成本换取质性突破的增产效果，小农户一般是不愿意改变原本的种植经验和生产安排的。除了投入产出比是否有明显变化之外，种植主体客观上的农业知识储备和抗风险能力也是影响小散户不轻易尝试和接受新产品和新技术的重要变量。

齐河县在帮助小散户克服风险顾虑、跨越技术鸿沟方面积累了许多成功经验，具备推广、学习和借鉴的一般性价值。这一成功经验主要依托于政府农业服务机制和乡村农业示范机制的双管齐下。所谓政府农业服务体系，在齐河的经验中对应的是，地方政府以粮食的稳产和高产为目标而向普通种植户直接提供的服务于农业生产的保障性活动，例如县域范围内小麦种子的统一采购和分配、政府免费提供的防治小麦和玉米病虫害的农药喷洒服务、政府免费提供的深翻和旋地服务等。所谓乡村农业示范机制，在齐河的经验中对应的是，以市县和乡镇的农业农村的相关职能部门牵头逐渐建立的，包括农业技术专家队伍、农业示范园区基地、农业示范种植户在内的示范体系。

一、小农户技术引入的风险顾虑

在小农户技术引入或技术采纳行为的影响因素方面,既有研究指出了技术采纳的经济效益和技术本身的易用性对小农户是否采纳技术有着显著影响。[①] 既然技术引入对粮食产量的提升有直接助益,那么小农户对技术引入的顾虑有哪些呢? 换句话说,有哪些因素客观上阻碍了小农户的技术更新呢?

结合齐河县的调研情况可知,小散户的耕作模式可以归纳为两种基本类型,具有鲜明的内部分化和属性差异。一种是能够较好地将新型农业机械的技术优势与传统小农户的精耕细作模式结合。另一种是通过购买农业机械的社会化服务进一步减少兼业小农户在耕种上的精力投入。在农户类型的数量分布上,前一种在机械化基础上仍然保留精耕细作模式的小农户数量较少、占比颇低,而后一种通过机械化进一步减少农业人力投入的兼业模式则数量众多、占比颇高。在粮食产量上,前一种能够结合农业机械作业优势和精耕细作管理经验的模式,产量很高,单产基本能够超过大部分规模化经营的农场甚至成为"粮王"。而后一种通过机械化作业替代和减少人力投入的兼业耕作模式,产量上普遍低于专业种植户的单产收益。

除此之外,齐河的经验还证明小农户的种植策略和耕作模式,是由种植者的家庭生计来源的构成、种植者的风险意识和消费习惯多方面综合作用的结果。小农户在技术引入上存在众多的风险顾虑具有多重原因。总体上可以归纳为两个方面:一是投入更多生产资料的机会成本和投入产出比的经济性的理性计算;二是对

[①] 王晓敏、颜廷武:《技术认知、环境规制与农户秸秆还田技术采纳行为》,《世界农业》2022 年第 4 期。

新技术的接受和使用需要对技术具备信任的基础和风险判断的能力。这两方面的风险顾虑共同阻碍了数量众多但是规模较小的种植户对新技术和新产品的接受度和引入度。在众多农业技术中，目前已经比较成熟且在较大范围内已经普及的技术包括种肥同播技术、合理密植技术、病虫害防治技术、适时晚收技术。

首先，小农户对技术引入的第一重顾虑在于投入更多生产资料的机会成本和投入产出比的经济性的理性计算。具体而言，由于大多数小农户并不是专门从事粮食生产的种植户，而是处于兼业状态的农民家庭，农业收入在家庭生计中扮演的是次要的和补充性的角色，因此小农户会特别规避更大风险带来更大投入的状况。"现在很少有人家只靠种地生活，种地的收入更多是没有务工机会的老人在家种一种、挣点零花钱，或者有其他工作收入的人兼顾着种地来补贴生活费和口粮钱。"当农业收入在家庭生计结构中处于次要地位和被兼顾的角色时，农民家庭在对产量没有决定性影响或质性突破的生产性投入上往往会犹豫不决或放弃追加投入。"小农户知道一些管理技术能够增加产量但是他们会考虑到往返的交通费、时间成本以及人力成本等多方面因素，最终觉得'没必要'。"因此，从小农户家庭经济收益上理性的计算角度而言，很多增产效果不够明显或者需要非节假日期间返乡的种植安排会因为机会成本问题而被排除在外。例如，许多小农户都知道"镇压保墒"的种植管理技巧，但是仍有一部分小散户考虑到地块细碎、城乡往返等多方面的机会成本较高所以不专门压地的，这种较为粗放的小农户种植模式在产量上就会比规模种植户的亩产更低一些。

除了人力投入的机会成本，新技术或新产品客观上产生的增产效益也是影响小农户行动选择的关键。种肥同播和合理密植的技术都是围绕"播种"环节进行的技术改进,小农户对这两个技术的顾虑主要在于对增产效果的存疑上。小麦之所以在技术层面具备密植的条件,与小麦品种的抗倒伏能力提升、小麦植株的高度降低、种肥同播技术的实现等多方面技术改良紧密相关。玉米的密植、增密主要是指在种肥同播的背景下,将玉米种植的行间距缩小,从"小大行间隔"到等行距的"密植"。玉米之所以能够具备推广密植的条件,是玉米新品种抗倒伏能力显著提高、臂展机和无人机大规模的农药喷洒技术已经成熟等多方面有利条件综合作用的结果。这些技术条件的改善使粮食播种时不用为人工除草和施肥预留额外的空间,进而增加了实际播种和后期成活的数量,为稳产高产的总体目标创造了更加充分的条件。以玉米的合理密植为例,合理密植的行间距和数量相关标准的提出经历了从实验室、试验田,到示范田、示范户,最终延伸到小农户的实践扩散过程。在行间距方面,玉米的合理密植间距经过了多次调整,从传统种植间距的 60—80 厘米,到技术攻坚挑战的 25—30 厘米,最后相对稳定在较为适中的 45—55 厘米。按照这一行间距估计,对应的播种量在每亩 5200—5500 株,对应的成活株数在每亩 4800—5000 株。与非密植状态下的玉米产量相比,合理密植之后的玉米产量最高能够增加 10%,因此毫无疑问的是,在其他条件相同的情况下,密植更加有利于稳产高产、提高产量。

虽然种肥同播和合理密植技术在众多农业技术中是技术成熟度最高、推广效果最好的几个技术之一,但是仍然有不少小农户对密植在增产方面的实际有效性保持存疑的态度。根据乡镇农业技术人员的描述,对密植增产效果存疑的农户主要是保持着精耕细作模式的小农户。因为这些精耕细作的小农户在合理运用农业机械服务和及时灌溉、除草、施肥的基础上，也能够获得更高产量。不密植但是更加精耕细作的种植模式下获得的增产，主要是通过增加单个玉米的大小和结籽率来实现的。"小农户在不密植的情况下通过精耕细作能够使单个玉米长得更大，这样小农户就可能觉得自己是增量的，然后继续保持每亩4200株左右的成活数，而不愿意按照5000株的成活量去播种。"农业技术人员认为这一小部分不接受密植技术的小农户是受到了过去种植经验下的刻板思路所影响，不愿意改变旧有的种植管理模式。实际上，根据基层农业技术人员描述，精耕细作的管理模式与合理密植的种植技术二者并不冲突，完全可以在密植的技术上保持比较精细的照顾。即便是将二者的增产效果单作比较，农业技术人员也坚持密植的增产效果更好，"因为两个棒子总比一个棒子大"。除此之外，目前广泛种植的玉米品种"登海605"的品种优势之一就是比其他品种更加适合密植。因此，仅就播种环节上的种肥同播和合理密植技术而言，小农户的迟疑和顾虑是相对没有必要的。到2023年，按照每亩5000株成活数作为密植标准的话，大黄乡的密植率达50%，潘店镇的密植率达60%—70%。由此可见，虽然规模种植户对密植的接受度都很高，但是因为各镇小农户的实践情况不同，密植技术在各乡镇的推广进度上也有较大差异。

其次，在对新技术和新产品的风险判断上，因为小农户相较于规模种植户而言缺少对农业技术信息的知识储备，所以面对同样的技术和产品小农户可能会放大客观的风险性。例如，小农户在病虫害防治方面的风险顾虑是最高的。因为小农户关于农药的知识储备较少，并且农药使用不当的后果更加严重。农药使用错误很可能直接导致产量锐减或作物死亡,农药使用不足或药不对症有可能导致防治无效或低效。根据农药经销商的反馈,每年都会发生因为打错药导致农户减产甚至部分田地绝收的现象,所以对农药市场不甚了解的小农户往往在农药选择上会非常谨慎。一方面这种谨慎是极其必要的,因为谨慎的态度客观上能够减少悲剧发生的可能性;另一方面这种谨慎也会使小农户在较新的、高效的农药产品面前迟疑不决,或较少使用新的农药产品,或因为不放心而过多使用农药产品。

由地方政府统一招标提供的公益性的"全覆盖一喷三防"服务在客观上解决了小农户买药和打药的需求和困难。"一喷三防"是在小麦处于灌浆期、小麦病虫害的高发期时,对小麦病虫害防治的关键举措。作为小麦生长中后期管理的重要技术措施,"一喷三防"是通过叶面喷施杀虫剂、杀菌剂、植物生长调节剂、叶面肥等混配液,通过一次施药达到防干热风、防病虫、防倒伏的目的,实现增粒增重的效果。2023 年,齐河县整合资金 1400 万元,对全县 110 多万亩小麦进行"一喷三防",通过统一配方药剂、统一平台监管、统一飞防技术标准等统一措施,提高对小麦条锈病、赤霉病、蚜虫等病虫害的防治效果,有力保障夏粮丰产丰收,率先实现"吨半粮"生产能力。在农药喷防项目的具体运作上,县域范围内的"一喷三防"业务主要是通过统一招标承包给地方农业企业和农机合作社完成。齐河县范围内的"一喷三防"业务主要是发包给齐力新农业服务有限公司、金穗农机合作社,齐力新公司和金穗合作社,再按照所承包业务涉及的空间范围联系各个乡镇的小农机合作社进行二次分包与合作。这些政府重点培植的农业服务公司为农民提供代耕、代播、代防、农技培训等综合服务。2014

年齐力新公司承担了齐河县20万亩核心区统一飞防作业任务和10万亩深耕深松作业任务。2023年开始,齐河县的"一喷三防"项目是由县一级的乡村振兴集团招投标,乡村振兴集团要求参与招标的服务公司必须要符合资质要求,因此乡镇的小型农机合作社较少能够达到招标单位的资质门槛。不过,符合招标资质的服务公司中标之后可能面临同时段作业产生的农业机械数量紧张的状况,所以中标公司也需要和有闲置农机械资源的小型农机合作社合作服务的客观需要,由此产生了中标公司和地方农机合作社之间的二次外包关系。以胡官屯镇为例,胡官屯镇共有三个标段,不同公司同一时段服务不同地块,一块是30000多亩地,同时进行"一喷三防"工作。"一喷三防"项目所用到的农业机械主要是无人机,型号包括T16、T26、T30和T50,能够根据地块的大小灵活选择不同的机型。在完成招标工作、确定服务公司后,具体的对接和协调组织工作是由乡镇、管区和村委会负责,由乡镇和管区干部联系村干部直接进行对接,将水、农药的配比说明送到村里,村干部负责拿药、备水并在配药和打药现场拿纸笔进行记录。从增产效果看,由县级财政支持的"一喷三防"公益性服务是有显著效益的,地方农业技术人员粗略估计后认为采用"一喷三防"前后的亩产差异能够达到100斤左右。除了产量上的直接提升,"一喷三防"还对农民的种植管理经验产生了间接的影响,"让农民意识到打药的重要性,关键是知道了打哪些药是有效的"。

虽然地方政府"一喷三防"的公益性服务在一定程度上解决了农民打药选择的难问题,解决了小农户对接打药机械难的问题,但是小农户固有的风险顾虑使不少小农户对政府提供打药服务的质量和数量产生怀疑,进而选择重新打药或者补充打药。一些农户认为"一喷三防"的项目是政府提供的,虽然政府是值得信任的,但是因为服务方是非本村本镇的公司,担心这些不熟悉的服务方在农药中兑水或者没有完全覆盖自家的田地,所以农户们在统一的"一喷三防"后还会再打一次农药。对此,农业技术人员的观点是,确实存在一部分农户在统一喷防之后追加农药的。这种追喷农药行为在适度补喷的范围内是合理的,因为大规模无人机作业难免对一些田地的边角位置相对忽略或者喷洒得不够均匀,对这种情况,农户根据具体情况判断后理性补喷农药是合理的。还有一种合理补喷的情况是,统一配比和药方的"一喷三防"服务主要是针对常见的病虫害防治而制定的,小农户可以再根据自家田地所种粮食的具体情况、具体病灶针对性地增加一些药量。但是,如果是不做区分地将所有田地都重新喷洒一次农药就是不合理的,因为农药喷洒并不是"多多益善",过度喷洒农药会导致农药残留问题,进而损害小麦的生长和粮食的质量,也会加剧环境污染问题。目前齐河县范围内的小麦种植普遍会打3—4次农药,玉米种植会打3—4次农药,但实际上风险意识强的农户们会达到5—6次。"即便自己知道追加农药不太必要,但是当你看到身边大多数人都是这么做的时候,还是会跟风打药的,因为这个风险赌不起,万一就因为你没打生虫生病了呢?到时候你去找谁说呢?"对风险的抵触和低风险承受能力使小农户很大程度上处于过度使用农药的状态,这也是小农户理性经营和风险顾虑的另一种表现行为。

二、政府保障和示范带动的机制

虽然小农户在新技术和新产品面前有着诸多的风险顾虑和众

多的成本考量,这些顾虑和考量很大程度上阻碍了小农户获得新技术和新增产经验的路径。但是在齐河县地方政府统一提供的高水平公益性农业服务、全覆盖式农业技术指导服务以及全方位、立体式的农业示范网络的制度加持下,齐河县的小农户最终获得了较高水平的农业技术服务,实现了较高水平的农业技术推广效益,促进了较高水平的粮食稳产高产的政治经济目标。在突破小农户的技术引入困境,跨越技术鸿沟的难题方面,地方政府的农业服务保障机制、社会化服务市场的高效供给机制以及地方社会网络中规模种植户和农业示范户的示范带头机制都起到了至关重要的作用。既有研究指出,农业科技示范户的培育不仅促进了规模经营者自身的致富和可持续发展,而且通过他们的带动和辐射促进了周围群众的稳产和高产。[1] 农业科技示范体系的建立及其带动机制有效地建立了基层农业技术推广和交流的地方性网络,能够有效地促进农业科技的传播和实践。

首先,政府的农业服务机制是依托基层政府的日常治理体系开展工作的。例如小麦种子的统购统分是以"村集体—管区—乡镇—县政府"的四级行政组织体系为依托进行统计、招标购买和层层分发的。村庄内的大喇叭是每个村庄集体信息发布的重要媒介,遇到与农事农时相关的重要信息和注意事项,例如高温预警、大雨预警等情况。

高产耐密品种的推广、种肥同播和合理密植技术的广泛实践主要依托于地方政府的统一供种以及政府与农机服务商的合作配合而实现的。这一机制的关键是通过乡镇干部、村庄干部、网格员

---

① 白和盛、詹存钰、杨建春等:《农业科技示范户的培育与成长分析——以江苏省扬州市江都区小纪镇农业科技示范户为例》,《江苏农村经济》2015 年第 3 期。

等基层政府的组织网络的重要力量,将乡村日常治理的任务和农业技术推广的任务相结合而推进。

对小农户的生产而言,种子的选择是至关重要的,抗风险能力较低的小农户对新的种子品种往往抱着十分保守或迟疑的态度。围绕新种子所进行的推广工作主要包括两个方面:示范户和示范田体系的建立、政府主导的供种和买种渠道的建立。通过政府引导大户示范,散户看大户的示范体系的建立,达到"联防联控,统防统治"的效果。在农业种子的推广方面,农技人员表示一个新品种要达到"广为接受"的程度需要 3—5 年时间。"推广一个技术或者种子好,仅靠推广员嘴巴说是没有用的,要让老百姓看到,眼睛看到了自然就信了、跟着做了"。因此新种子的推广和宣传工作是难度极高的。

在高产耐密种子的高效推广方面,地方政府的统购服务起到了关键性作用,以地方政府的信誉作为保证,为优质高产的新品种争取到了农户的信任。齐河县从 2014 年开始系统的粮食高产创建工作,县级财政每年从"产粮大县"的奖励资金中抽取 1000 万元用于年度的小麦统一供种补贴,目前已经在全县范围内实现统一供种和小麦供种补贴。由于齐河县是由政府农业部门统一供种,所以在提供来年种子预购的品种推荐清单时,地方政府会根据农业专家团队的推荐以及地方农业技术人员的反馈进行及时的调整,以此保证政府所推荐小麦和玉米种子的品种质量是适合齐河地方水土条件、生产条件且更具有稳产高产潜力的。出于这种对政府部门和专家团队的信任,齐河县大部分粮食种植者都是听取政府农业部门的推荐意见进而选购品种,由此实现了"高产耐密品种"在全县范围内的大规模推广。

种源的质量与数量保障对农民而言十分重要。当地的种源分为小麦种源和玉米种源。小麦种源由于是自交产生的,育种门槛比较低,容易出现良莠不齐的种子质量问题,所以齐河县当地的小麦供种是由地方政府同意向正规种子公司招标购买。农民根据自身需要上报需要预订的种子数量和品种,然后按照报价把钱交到镇的财政所,再由乡镇统计和上报到县农业农村局,县农业农村局通过公开招标选种供种,再通过邮政局系统发放到农民。种源都是由种子公司提供,供种公司需要在招标之前先在当地的土壤和水源条件下进行本地育种测试,继而测量长势、产量等各项指标。符合标准的种源及其供种公司才有资格参与县一级的供种招标。与小麦种子不同,玉米种子因为是杂交种子所以种子造假的可能性很低,因此大部分农户没有政府保障种子质量的客观需求,往往是农户自行通过市场途径购买,并没有进行统一的政府供种。地方政府的统一供种政策极大地保障了优质小麦种子的供给渠道,对小户和散户的粮食稳产有决定性的影响。根据农业技术人员估算,从2014年齐河县范围内开始小麦统一供种开始,因为种子质量提升而直接增加的产量平均每亩能够达到70公斤。

在种肥同播方面,根据县农业农村局的农业技术人员回忆,齐河县在2015年左右开始推广种肥同播技术,到2017年齐河县内普遍实现了玉米种植的"种肥同播"。种肥同播指的是种子和化肥同时播入田间的一种操作模式,使用种肥同播技术之后不用再间苗,后期也不用追肥,产量明显提高。种肥同播中使用的肥料与普通肥料不同,是控释肥。控释肥是采用聚合物包衣的肥料。地方农业技术人员将这种低管理成本的耕种方式称为"七分种三分管"。除了专业控释肥的使用,种肥同播技术推广的另一个关键在于种肥同播农业机械的出现。专业的种肥同播机器能够一次在施入底肥的同时播下种子,省时、省工,同时肥效充足地完成种子和肥料的播撒任务。这一技术相比于传统人工播种的"一撒了之"更加精准,既保证了较高的产量,又节约了大量的劳动力投入。

在种肥同播和适度密植的农机械服务方面,地方政府主要是通过与各乡镇的农业机械手进行合作宣传和推广实践。一方面,由于播肥一体机是用拖拉机牵引使用的,需要给大的拖拉机配上大的播种耧,大播种耧的成本约2000—3000元/台,所以政府农技推广工作的主要对象是拥有大拖拉机的农机手,农机技术推广的重心落在了农机手和农机合作社上。在具体的推广策略层面,县政府大力宣传能够种肥同播的农机械所享有的国家级补贴,例如在享受国家补贴之后的大播种耧只需要1200元/台。另外,县农业农村局还定期分配给乡镇参观学习种肥同播机器的指标,找到当地的农机手到先进农机合作社参观学习。到2023年,齐河县范围内平均每个村庄有3—5台小播种机,每个乡镇有3—4台能够进行种肥同播作业的大型播种机。另一方面,在密植的机械成本方面,因为播种的密度是可以通过调节、设置机器实现的,所以市场化雇佣播种机播种时不论播种的密度高低都是一样的费用;在人力成本方面,农机手作业的时间成本都是相同的,所以播种的密度高低并不影响农户购买的播种的服务费的高低。以2023年的播种费用为例,不论播种的密度高低,小麦的播种费都是20元/亩,玉米的播种费都是25元/亩。在这种情况下,如果农机手能够从专业角度向农户讲解一下密植的好处以及周边哪些人家已经采用了密植的策略,对小农户而言是非常具有说服力的。地方政府在推广种肥同播和合理密植的过程中,正是通过已经与村民建立了长期的合作关系和信任关系的各乡、各村的机耕手们,实现了新技术和新经验的推广落地。

齐河县政府通过具体的农业补助项目,加大对粮食种植全环节支持力度,对统一供种、深耕深松、病虫害防治等环节进行支持,减轻农民负担,提高标准化、集约化生产水平,提高粮食产量。例如,统一供种和病虫害统防统治是提高粮食产量和促进农业减肥减药的关键措施,齐河县财政每年列支专项资金开展小麦统一供种、小麦"一喷三防"、玉米"一防双减"项目,有效减少了病虫害的发生,对小麦丰产丰收起到了关键作用。根据齐河县粮食稳产高产的多年经验,良种的统一供应、病虫害的统防统治是保障粮食安全的两个重要抓手,虽然每亩的平均投入成本不高,比如小麦"一喷三防"的亩均投入仅 12 元左右,但是这两项关键技术的到位率能够达到全覆盖,是全县范围内粮食稳产高产的重要技术保障和制度支持。

其次,乡村农业示范机制的建立主要是依托示范户和示范田体系的建立。既有研究表明,示范户网络建设是农业技术推广的主要内容,示范户是该网络的核心,是农业科技成果传播的枢纽,是科技成果从大学实验室到大面积应用的主要载体和重要途径,在农业技术推广中有着不可替代的作用。[①]

示范田体系包括两种类型:一种是地方政府和农业科研院所合作设立的官方的示范田,另一种是规模种植大户或农民合作社为了向周边的农户展现新技术的增产效果或社会化服务的高效高

---

① 马启峰、安成立、杜军志等:《创新农业技术推广模式——建设农村科技示范户网络体系的农业技术推广模式探索与实践》,《安徽农学通报(上半月刊)》2010 年第 13 期。

产效果而设立的民间的示范窗口。示范户体系的建立主要是依托地方政府的农业技术推广的专项资金,定期开展针对农业科技示范主体的培训活动,建立乡村农业技术推广的地方性网络。

在政府选定的示范田体系的建设方面,齐河县的示范田体系可以概括为"十亩攻关田,千亩智慧田,万亩示范方"。实践中,"千亩智慧田"和"万亩示范方"主要是跟种粮大户或公司合作。这些示范田的选位主要会考虑地力条件、灌溉条件、交通便利性,"选在靠路的位置、集中连片,方便后期十大验收和领导视察"。这些示范田往往会涉及多个村组,示范效果的好坏也会涉及大户之间的良性竞争和面子竞争。示范田的种植经营者和地方政府的农业部门之间是合作的关系,政府向示范田的经营者提供技术指导和生产资料的优惠补贴,实际经营者需要及时向政府部门反馈示范田的生产经营的现实状况及其变化。在这些示范田中,农技工作者主要是指导、免费供种和供肥料、农技培训的职能,而播种、施肥、水利灌溉等日常的生产管理工作是由农户自行完成的。以玉米种子"登海605"的推广为例,在种子推广初期的一两年,"千亩智慧田"和"万亩示范方"的合作种植户能够享受每亩几百元的补贴。到推广后期,示范户的福利逐渐收缩,后两三年变成免费发放种子,最后等群众广为接受后,示范田的补贴待遇才逐渐撤销。由此可见,政府选定和建立示范田体系的直接目标有两个:第一个直接目标是通过与规模种植户的生产性合作实际试验该品种的产量和特性;第二个直接目标是通过所合作的规模种植户辐射周边的其他农户,扩大试验田所用新品种或新技术的影响力和竞争力。

与政府选建官方示范田的直接目标不同,规模种植户或农机服务商选建个体性示范田的直接目标并不是向周边农户直接证明某项新技术或新品种、新产品的效果好坏,而是有意识地向周边的小农户展示自家"土地托管"服务、社会化服务的效果。因为规模种植户和农机服务商有着强烈的流转土地和扩大土地托管服务范畴的意向,通过示范田展示其种植管理经验的优越性是说服周边农户将土地流转或托管给他们,抑或是购买他们的社会化服务的重要依据。以齐河县祝阿镇种植大户张某为例,张某既是粮食规模种植的大户,又是农机合作社的主要经营者,张某的农机械服务能够覆盖附近 1—2 个自然村的田地。除了流转经营的 300 亩田地之外,张某的主要收入来源是提供附近村庄小农户的土地托管服务,即周边农户向张某部分或全部地购买小麦和玉米种植过程中所涉及的社会化服务,包括播种、打药、镇压、灌溉、收割、粉碎秸秆、翻地等。为了向周边农户宣传自家社会化服务的高质量、证明自身的种植管理能力,张某从已经流转的 300 亩田地中划出集中连片的 30 亩作为自家的示范田和试验田。一方面,张某能够在自家试验田中试验"登海 702"新种子、小麦和玉米新款营养液的增产效果,在全部采用之前先做一些小范围的尝试;另一方面,张某也正是通过自家最集中连片、亩产最高的这 30 亩示范田,向周边农户证明了其粮食种植的经验水平是值得信任的。2019—2023年,张某每年稳定提供的社会化服务面积已经逐渐从 100 多亩增加到 2000 多亩,这一经营的成功离不开张某个体示范田和试验田的宣传作用。

在农业科技示范主体系统的建立方面,齐河县政府依托基层农技推广补助项目建立了专业的技术指导团队,并以乡镇为单位明确了科技示范主体。农业技术指导团队都是由农艺师组成,以乡镇为单位深入开展农业技术指导工作,促使农业主推技术进村入户,解决农技推广一公里的问题,提高主推技术的到位率。技术指导团队组长和副组长负责制定技术操作规程和技术指导意见,对示范主体进行集中培训和田间培训。团队成员负责在农时季节对各乡镇的农业科技示范主体进行技术指导,及时发布技术意见,推广农业优质绿色高效生产技术。按照制度规定,农业技术指导员需要定期下乡镇走村入户、对所包科技示范主体组织技术培训和进行下乡技术指导。农业技术指导员的下乡指导工作的内容包括:给农业科技示范主体悬挂门牌;指导技术员下乡指导农业科技示范主体秋收秋种;技术指导员与科技示范主体必须当面签订服务协议并指导示范主体填写好基本情况表;每个技术指导员需要对接所包示范主体并指导示范主体安装注册中国农技推广的App,手把手教会示范主体学会发布日志、上报农情等;指导示范主体规范填写《科技示范主体手册》;组织农业科技示范主体进行小麦冬前管理技术培训、调查小麦苗情。齐河县以提高农技推广服务供给的质量和效率为主攻方向,统筹兼顾新型农业经营主体和小农户的服务需求,培育了精干的农技推广队伍,打造了农业科技示范展示样板。创新服务方式,落实农技推广责任。齐河县农业农村部门通过完善农技推广的 5 项制度,编制了主导产业区域分布和技术指导包村服务图并悬挂上墙。通过实行农技推广责任制度,制定严格的考评制度,明确农技人员的职责和任务,明确农技人员的服务区域、服务对象和服务内容。每一名公益性农技人员均要配备技术指导员胸牌,要根据专业优势,联系农业科技示范主体,及时解决农业生产中的问题,围绕农业技术推广规划和重点,参与农业技术推广服务,不断创新服务方式,提高服务质量。到 2020 年,齐河县农业科技示范主体抽样满意度超过 95%,农业技术推广公共服务对象抽样满意度超过 70%。遴选推介小麦、玉米主推技术 6 项，全县农业主推技术到位率达 100%。

在科技示范主体的遴选和培训方面，到 2020 年已经遴选产生了 352 名示范作用好、辐射带动强的新型经营主体带头人、种粮大户、乡土专家等作为示范主体进行培育。针对这些示范主体，在全县遴选 70 名农技人员参与项目实施，分组包乡镇在农业生产的重要时节和关键季节，对示范主体开展手把手、面对面的技术指导和咨询服务。通过悬挂科技示范主体门牌，建立健全农业科技示范主体档案，农技人员制定分户指导方案。通过精准指导服务、技术培训、组织交流观摩等措施，把配套集成、简单易学的种养技术、防灾减灾、草地贪夜蛾防控技术和标准化生产技术传授给示范主体，把省工省力、节本增效的新型农机具推广到示范主体，把农业生产投入品供给和农产品供求信息发送到示范主体，提高其自我发展能力和对周边农户的辐射带动能力。地方政府的基层工作人员配合技术人员做好农业技术推广和示范工作，充分发挥示范带动作用，带头学习使用农业新技术、新品种，为科技示范主体开展新品种、新技术、新模式等的示范应用给予一定的物化补助。

作为农业科技示范主体，具有明确的权力清单和需要履行的义务清单。农业科技示范主体的权力清单包括：参加技术培训，获得技术资料，接受技术指导服务；优先获得新品种、新技术示范试验项目；享有一定的物化技术补贴；对技术指导员工作及农事活动提出意见和建议。农业科技示范主体需要履行的义务清单包括：提供必要的生产示范条件，协助技术员做好技术推广、技术信息采集和项目评价工作；充分发挥示范带动作用，带头学习使用农业新技术、新品种、新产品、新机具；辐射带动周边农户推广应用先进生产技术;按要求填写《农业科技示范主体手册》,记录农事信息,为技术指导员积累技术资料创造良好条件。除了制度设计层面上对示范主体相关示范推介义务的描述之外,实地调研也发现规模种植户作为示范主体扮演着技术扩散的中介和榜样的角色,在农业技术推广的关系链条和学习网络中发挥着不可替代的作用。一方面,作为地方社会熟人网络中的一员,农业技术示范主体在学到农业技术知识之后,会在日常生活的互动中将新的知识分享给散户。另一方面,当小农户向身边熟悉的规模种植户或者土专家请教农技相关问题的时候,作为示范主体的大户或土专家也非常乐意并深知自己有义务传授和分享这些新的农业技术和种植管理经验。小农户也会认为拥有政府认定"农业科技示范主体"荣誉和称号的种植户更具有专业技术上的权威性,在日常生产生活的过程中会有意识地关注、学习甚至模仿这些示范主体的新的种植管理方式和新的生产技术安排。规模种植户、土专家们和各种服务主体之间的良性互动,客观上向周边的小农户展示了新型种植技术和管理经验的有效性、高效性,客观上降低了小农户重新尝试的风险成本。另外,村庄中的种植大户往往具有多重身份,既是种植技术上的权威,又是村庄的经济精英、村庄或小组的干部,他们的多重身份赋予他们的种植行为一种社会性的信任资本。许多模仿本村种植大户经验的小农户之所以相信这项技术和经验是值得信任的,很大程度上是出于对这个推荐技术的人的总体性的信任。

由此可见,在政府保障、大户示范和成熟社会化服务平台的共同作用下,小散户能够更轻松地搭载上农业技术更新的浪潮,获得高水平技术服务。在地方政府的高度重视、地方财政的高度支持、地方市场的高度活跃、地方农户的高度参与等多方面积极因素的综合作用下,齐河县成功建立了政府高度保障的农业服务体系及官方和民间高度合作的农业科技示范体系。

这两个体系及其机制共同托举起齐河县的社会化服务体系,使小农户能够被示范主体带领着高度嵌入在新型的农业技术服务网络之中,成功地跨越小农户因为经营规模和风险顾虑而产生的低技术投入的困境。虽然这两种机制无法在主观上改变小农户机会成本的顾虑问题,也无法影响农业收入在小农户家庭中的次要地位,但是这两种技术从高水平技术平台和高社会化服务可及性的角度帮助小农户和小散户获得新的技术服务、跨越大户和小户之间的技术鸿沟。最终促成了高技术水平的农业种植与较低人力资本投入的小农生产者两者之间的平衡,使小农户能够在维系非农生计的同时兼顾高水平的粮食生产。

第五章　技术密集型农业的规范化实践

先进农业技术在齐河落地后,经历了"兴起—推广—规范化"的发展过程。规范化作为技术推广的"最后一公里",是指导农业技术得以科学使用的统一标准,是让先进技术发挥最大效益的重要保证,在技术推广链条中发挥着兜底和保障的作用。本书前几章已经系统地介绍了农业技术的兴起和推广过程,本章将在前文的基础上继续探讨技术的规范化实践。为保证农业技术在大规模使用过程中不变形、不缩水,齐河县制定了一套完整的生产和服务规范,由点到面,涉及农业产生的各个环节。通过生产和服务的规范化,粮食生产过程逐渐科学统一,农民普遍实现了稳产高产,逐渐形成了可持续发展的良性循环。从生产到服务,规范化的影响范围不断扩大,不断向广度和深度拓展。但目前,学术界尚未出现对农业规范化的系统总结和反思,对规范化的前提、要求、运行机制等还未有过明确的阐述。本章就将以齐河县为样本,揭示中国农业的规范化实践,从齐河县为什么能实现规范化、为什么在21世纪初提出规范化、怎么实现规范化,以及规范化在中国的发展前景等方面进行全方位的介绍,在农业规范领域总结"齐河经验"。

农业规范化需要具备一定的前提。首先,农业生产本身具有一定的规律,从发芽到成熟的自然规律,到机械化生产的运行规律,都有迹可循。这保证了农业规范能够依托具体的环节,具备一定的抓手,使规范化在农业实践中具有可行性。其次,粮食生产,特别是中国的小农户生产,由于人多地少的资源禀赋,长期以来都呈现出个性化、差异化的特点。这一特点导致我国农业生产具有较高的复杂性,农业生产风险不易把控,平均亩产参差不齐,不利于保障我国的粮食安全。为了保证粮食的稳产高产,需要形成一套统一的规范体系,在农业生产和服务的各个环节形成标准化的引导,努力提高农民的平均生产能力和水平。

农业规范化需要具备一定的时机。除了"地利"和"人和"这两大要素,农业规范化的实践还需要具备"天时"的加持。齐河之所以能够在 2015 年率先推出《山东省齐河县小麦、玉米质量生产综合标准体系》和《山东省齐河县小麦、玉米种植社会化服务综合标准体系》,主要因为具备了两点条件。第一,在科技发展、市场繁荣的大背景下,齐河的农业技术已经相当成熟,具有充分的"技术自信"。齐河县斥巨资大量引进新型农业机械、培养农业技术人员,经过农业专家、农技员和种田大户的长期研究和科学试验,已经系统地总结出了一套稳产高产的种植技术和生产流程,在齐河当地得到了有效的实践。基于这套已经成熟的本土化技术,农业规范有了可以生根发芽的土壤,能够实现"有枝可依"。第二,随着农业机械化的发展和农业服务市场的健全,目前齐河县已经建立了相当完善的社会化服务体系,基本做到了农业生产全过程覆盖。农业规范就可以搭载这张社会关系网络,对农业生产的各个环节提出统一的要求,进而规范农业生产的全过程。由于中国东北农业地区逐渐步入老龄化,农民对新技术的接受程度和落实情况都参差不齐,我们很难保证每一位农户都能按照科学要求进行规范化生产。但是,社会化服务的各个环节是可以被调控的,所以可以直接借助社会化服务网络这一载体,以嵌入其中的社会主体为抓手,保证农业生产各个环节的规范化。

具备了必要的前提和时机,农业规范便应运而生。作为农业生产活动的准则和先进技术落地的重要载体,农业规范统一了农业种植、生产、社会化服务等各环节的要求,实现了农业生产全过程规范化。凭借政府强大的影响力和号召力,农业先进技术搭载规范得到了落实和推广,不论差异化的经营规模、经营水平和知识水平,各家各户都能享受到农业技术的红利,消弭了农民因能力水平、种植习惯不同所导致的技术鸿沟。同时,规范化生产降低了农业种植风险,保障了粮食的稳产高产,促使齐河县农业发展进入了高质量、可持续的新阶段。齐河县在农业规范化领域率先作出了本土化的探索,虽然此规范尚未完全成型,仍在不断改良,但已经在农业生产中取得了一定的成效。农业规范的制定加快推进了农业生产的制度化、规范化、程序化,是推动农业现代化的必然要求,是符合历史发展规律的正确举措。先人一步的齐河县,其规范化的经验和方法值得其他粮食产区借鉴和推广。

第一节　多元实践中的规范形成

随着科学技术的发展和市场经济的繁荣,农业呈现出一片欣欣向荣的景象,向现代化不断迈进。为了技术推广和市场秩序的稳定,齐河立足当地实践,高标定位,并从丰富多元的技术实践中总结经验,出台了一系列农业生产和服务规范,保障时代红利真正惠及农业。

农业规范的产生是一个从无到有的过程,它扎根于当地土壤,是经验的总结,是习惯的养成,是人民共同劳动的结晶,离不开多元主体的共同参与。本节就将从制定规范的必要性、多元主体的共同建设这两个角度,阐述农业规范的产生原因和形成过程。

一、农业生产规范化的必要性

(一)市场经济发展的规范需求

农业市场经济的发展需要规范的保障。改革开放以来,市场经济的巨浪波及了农业领域,种子市场、农药市场、化肥市场和农机市场逐渐形成。种子、农药、化肥、农业机械作为农业生产的要素,其质量与粮食产量息息相关。农业市场逐渐产生后,农民对其依赖性不断提升,所以,营造良好的农业市场秩序对农业生产的提升至关重要。农业市场形成初期,规范还未正式建立,市场上的农业产品质量良莠不齐,劣质的化肥和农药导致粮食减产,极大地影响了农民的生产和经营。市场秩序的混乱呼吁新规范的出现。

以化肥农药市场为例,化肥农药市场的发展历程就是整个农业市场发展的缩影。20世纪90年代,中国化工行业快速发展,化肥农药市场初具规模。在正式规范还未建立时,农民对化肥农药的认知尚浅,政府的监管也无从下手,部分商家为了牟利,乘虚而入,生产销售假冒伪劣产品,市场比较混乱。各种品牌遍地开花,使用效果参差不齐。很多假化肥做得非常逼真,在颜色、颗粒大小、包装等方面与大牌化肥并无明显差异,农民很容易上当受骗;一些小厂家并不具备生产农药化肥的资格,产品质量低劣,但由于卖价便宜,仍有巨大的市场;部分农资经销商向农民回收农药瓶,然后灌装低劣廉价的农药,再高价卖出……各种坑蒙拐骗的手段层出不穷,市场秩序较为混乱。

市场秩序的混乱呼吁新规范的出现。农业领域执法监管一直都是农业部门的职责任务,随着社会主义市场经济的发展,农业部门职能加快转变,执法监管任务不断增加,涵盖了种子、农药、兽药、饲料、农机、动植物检疫防疫、农产品质量安全等多个领域。多年来,县级农业部门内部多头分散执法,影响执法效果。为了确保体制运作顺畅和执法程序公正,从根本上解决农业行政执法和执法监督人员在履行职能过程中文书不统一、程序有缺失等问题,齐河县政府依据农业农村部《农业综合行政执法事项指导目录》,设立了农业综合行政执法队伍,对农业执法流程和执法监督检查文书进行了统一规范,对执法事项实行清单管理,要求"法无授权不可为"。农业综合行政执法队伍的职责使命主要是打击假冒伪劣种子、农药、兽药等侵农害农违法行为,对所有的涉农器械,包括化肥、农药和农机等进行监管。在严格的监管和严厉的打击下,生产质量不合格的厂家被直接关停,掺假卖假的商家受到了行政处罚,经历了长时间的打假斗争后,市场上农业产品的质量逐渐得到了保证,农民的生产水平也趋于稳定。可见,市场的发展呼吁规范化的职能设定和分工,为农业生产保驾护航。

除了设立专业执法队伍进行市场监管,政府自身也可以利用其集中力量办大事的优势,科学利用公共权力,合理调配社会资源,在农业市场上发挥宏观调配的作用。以化肥市场为例,齐河在实行市场监管的同时,从 2012 年开始和邮政局合作,由政府统一采购化肥,通过政府干预的方式整顿化肥市场。先由村委会统计本村农民化肥需求量,统一收钱上交,在政府招标化肥商之后,由邮政统一把化肥送到村委会,进行分发。政府选购的化肥农药都来自正规的大厂,在质量上为农民做好严格把关。政府力量的介入使制假卖假的商家逐渐失去了市场,许多上游的三无小厂家纷纷倒闭。三四年后,市场秩序逐渐稳定,假冒伪劣产品销声匿迹,政府和邮政局就退出了化肥供应,农民自主选择和购买市场上的化肥商品,但政府的市场监管仍在继续。相应规范逐渐成熟后,政府功成身退,与市场、社会形成了稳定协同共治的局面,充分利用市场在资源配置的决定性作用,同时更好发挥政府作用,稳定了农业市场秩序。

市场经济的发展需要良好的市场秩序作保障,良好的市场秩序呼吁相关规范的不断完善。为适应市场经济的发展,推动法治政府的建设,推进农业农村现代化,必须不断完善农业相关规范。规范的制定使政府执法时有据可依,有利于维持良好的市场秩序,促进市场良性竞争,响应人民诉求,保护农民利益,为农业市场的长远发展打下了坚实的基础,营造了良好的市场秩序,为齐河农业稳产提供了坚实的基础。

(二)技术推广的必然需求

新技术的应用提出了新的规范需求。大规模农业的发展趋势呼吁新技术的使用和推广。新技术在使用初期,由于个体的种植习惯和认知差异,农户之间容易形成技术鸿沟,农业新技术的真实使用效果参差不齐。规范的出台不仅可以消弭农民之间的技术鸿沟,也让参与生产的各主体有了监管的依据。若没有规范的约束,技术很容易被滥用或误用,为技术的进一步推广制造了很大的阻力。规范是在实践应用后对技术的科学解读,统一且公开的规范能够让农民了解技术、学习技术,在使用技术时实现效益最大化,真正实现技术推广。

1.消弭农民之间的技术鸿沟

齐河整体农业生产水平的提升需要规范的引领。以家庭为单位的普通农户,是农业生产的最大主体。由于自身能力、生产经验、土地规模、家庭结构等方面的差异,农户的生产能力和水平参差不齐,由此产生了农业上的技术鸿沟。首先,人多地少的小农户生产方式,是我国农业发展需要长期面对的基本现实,这使我国既不具备国家统一规模化经营的优势,也不具备人均高水平机械配置的条件,这让农业先进技术的使用和推广困难重重。其次,农业地区具有很强的"乡土性",一代代人安土重迁,村落与村落之间交流甚少,隔阂较大,导致同一地区的不同村落的农业生产水平参差不齐,让技术的交流与传播也受到了一定的阻碍。最后,农业技术无论以知识形态存在还是以实物形态存在,其识别都要求农业技术的使用者具备一定的知识和技能,但目前我国农民的文化水平普遍较低,常常因为难以掌握技术要领而造成技术运用失败[1],使农业技术运用的实际收益与预期收益发生背离,影响技术推广的效果。

在这样的农业背景下,为保障国家粮食安全,政府就应运用其强大的影响力和号召力,以规范的形式统一制定农业种植、生产、

---

[1] 王晓燕:《浅谈农业风险的识别及控制》,《现代化农业》2003 年第 8 期。

社会化服务等各环节的要求,将农业全过程生产规范化,促进农业先进技术的推广和落实。这样一来,不论经营规模、经营水平和知识水平,各家各户都能享受到农业技术的红利,所有农业地区都能实现高产稳产。

统一的规范消弭了农户之间的技术鸿沟,为不同水平的农户提供了同等的经验参照。让先进者保持高水平,落后者实现高水平,维持齐河农业整体的高水准,是制定农业规范的最大意义。

当新技术出现时,率先掌握新技术的市场主体,往往能利用技术鸿沟投机取巧,从中谋利。这时,统一而公开的规范就可以消弭农民之间的技术鸿沟,农民可以从中学习技术、了解技术,并依据规范对市场主体进行监管,督促社会化服务进行到位,助力新技术真正落地。

例如,近年来,无人机飞防在病虫害防治中得到广泛应用。无人机喷洒农药,其高度和浓度更加均匀,提高了农药喷洒的质量,降低了病害和虫害的发生概率。相较于人工而言,无人机飞防更加省时省力,是新型科技在农业生产上得以广泛应用的典型案例。

但是,由于无人机飞防技术科技含量高,操作难度大,使用门槛高,对如今普遍五六十岁的农民群体并不友好。农民年龄较大,受教育水平较低,掌握这项技术于他们而言难度很大,"怕开着开着就撞树上去了,操作不了"。所以,大部分时候,他们会直接花钱向其他市场主体购买这一服务。而在无人机飞防应用初期,由于科技门槛较高、信息沟壑较大,且政府没有出台相应的规范,一些市场主体为了牟利,趁农民不懂、政府不管,悄悄地在无人机飞防服务中偷工减料。

比如,有合作社提供无人机飞防服务,价格为每亩5元,药水由合作社自带。无人机标准配置为四个出水口,在飞防作业时,四个出水口同时出水,保障农药喷洒充分。而该合作社擅自将无人机改装成了两个出水口,另外两个出水口安装回流管,让农药回流至水舱。这样,一趟下来,合作社能够节约一半的农药,一天一架无人机就能多赚 500—600 元。

通过改装无人机,合作社节省了农药成本,提高了利润空间,却降低了服务质量,损害了农民的利益,使病虫害防治未得以真正落实,将生产风险转移到了农民身上。由于科技门槛过高,农民很难辨别服务的真实情况,所以大部分农民一开始都被蒙在鼓里。直到购买无人机飞防服务的农民越来越多,有人就发现了端倪。正常来说,一架无人机一次所载的农药只够喷 20 亩地,喷完了 20 亩地就应该返回重新添补农药。但有农户发现,该合作社的无人机喷了 30 多亩地还没有回来,而且仍有药水从出水口不断喷出,经过反复的质问和对比,该合作社偷工减料的行为终于被揭发了。

随着无人机飞防的普及,农民对该服务的需求不断增大,技术人员的操作方法也逐渐成形,政府开始重视对市场上无人机飞防服务的监管。根据科研人员长期试验的结果和农民反馈的一系列问题,齐河因地制宜,为保证飞防效果,政府对无人机的飞行速度、高度、流速等指标一一作出了相应的规范,除了技术规范,齐河还制定了一整套无人机飞防的用药规范和服务规范,统一公开,保障了农民的知情权,让农民全面了解无人机飞防的技术和操作,消弭了农民之间的技术鸿沟,让偷工减料的行为无处可藏,使病虫害防治真正达到效果。

新技术在刚入场时总会在人与人之间产生信息差,影响技术在种植过程中产生的真实水平，这一技术鸿沟让技术的最终使用效果大打折扣。而统一的规范无疑为所有技术使用者提供了一套同等的参照，技术鸿沟的出现呼吁规范的不断更新，努力让每一个生产主体都能成为技术红利的受益者。

2.技术本土化的需要

规范的制定让农业技术真正融入当地水土。为了让农业专家提出的技术从学术报告走向田间地头，变得本土化、可操作化，需要立足当地实践，为齐河自身的农业生产状况量身定制一套可实践的规范。

本土化的规范让外来先进技术顺利融入当地水土，为农民提供了可操作化的种植方法。大部分现代化农业技术都是自上而下推广，先由各大高校、实验室、研究所的农业专家研发实践之后，再向农村地区推广。而由于实验室环境和农田的自然环境有所不同，自上而下推广的技术很容易在落地时水土不服。我们在访谈时，有技术农办主任对农业农村局的各类培训专家表示质疑：首先，专家所学的知识脱离小地域实际气候、土地情况，是一般化的规范，或者完全是另一个地区产生的经验，无法与本地适配，在盲目推广的过程中，很容易给农民造成减产的风险；其次，专家生产研发的过程都是在实验室进行的，为了提高研发效率，实验室往往都会控制变量，在实验期间采用最好的条件，充分保障了作物生长的需求，而现实情况往往非常复杂，气候、害虫等外在条件充满变数，且多数时候，有些地区基础设施没有跟上，无法及时保障农作物生长需求，比如灌溉、施肥等；最后，专家知识多数为理论，讲的是专业术语，与农民的教育水平脱节，超出了农民的理解范围，同时，专家还缺乏实践经验，很多时候，他只停留在自己研究的某一技术和某一环节,"问他怎么种,他都不知道"。所以,比起从各地远道而来的农业专家,农民更希望有本地的"粮王"等"土专家"给老百姓举办讲座,用他们自身的经验和技术指导当地农业生产,更接地气,也更有说服力。

农民需要实践性的规范,而不仅是专家提出的规范。在这样的情况下,为了使农业技术得以有效落地,政府必须将其本土化。于是,适合当地农业生产的规范也应运而生。《山东省齐河县小麦、玉米质量生产综合标准体系》和《山东省齐河县小麦、玉米种植社会化服务综合标准体系》两部规范均严格立足当地生产实践,使先进的农业技术得以本土化,更好地惠及当地农业。

3.统一监管指标,便于技术监督

统一的规范为各主体对技术使用时的监督提供了参照。在农村,每个村庄都是一个相对封闭的熟人圈子,村庄与村庄之间有着较大的隔阂,各村的生产方式和社会化服务水平不尽相同。技术进入田间推广的时候,生产过程中的很多操作是不定量或粗定量的,相对弥散的农业生产监管指标使技术容易被误用或产生偏差,影响了技术的实际应用效果,也不利于统一管理和监督,给各方都造成了巨大的不便。

为了让农民和政府更好地监督各生产主体的生产活动,使先进的农业技术得以真正落地,政府制定了统一的技术规范,使之能作为依据,对市场主体进行监管,督促社会化服务进行到位,助力新技术真正落地,避免了因农业生产监管指标相对弥散而带来的诸多误会。

以托管服务为例,在统一的规范未出台之前,各合作社或企业提供的托管服务没有提出明确的生产监管指标,很容易产生一些误会。比如,有的村民会选择将自家的土地给合作社或企业进行全托管,有的村民会选择将土地流转给熟人。企业、合作社、个体农户之间的生产方式和生产节奏不尽相同,导致土地流转或者托管后粮食产量有所不同。我们在实地调研的过程中,有一户村民将自家的土地全托管给了合作社,同时,他同村的一位村民也将土地流转给了该合作社,最终,前者亩产比后者少了 40 斤,于是,前者对合作社托管的服务质量感到不满,觉得没有得到一样的对待,双方争执不下。这种社会化服务过程中产生的误会,与没有统一的规范密切相关。统一的规范让所有参与农业生产的主体都能有相同的依据进行监督和管理,减少纠纷,同时实现各主体的利益最大化。

为了解决托管服务中生产指标弥散的问题,在多年的生产实践中,许多合作社都总结制定了一份具体到服务项目的菜单,实现信息公开。农民通过菜单来购买服务,合作社和村民也按照菜单服务的内容来进行监管、形成规范。菜单具体内容包括播种、除草、耕地、镇压、施肥、无人机飞防、灌溉、收割、承包金等,明码标价,按亩计费,农民能更加清楚地了解其服务安排和内容。托管费用的计算具体到各个服务项目,农民按照自己的需求购买合作社所提供的托管服务,拥有菜单化的环节选择,"干几项给几项的钱"。通过这个账单,合作社将自己的服务明确化,将生产和服务的责任分清,用菜单化管理避免了服务后的矛盾纠纷。

同时,在提供托管服务的过程中,合作社表示提供的服务高度规范化,严格按照政府统一的标准进行。例如,合作社提供的播种服务就是按照每亩 4860 株的标准完成的,种子密度比之前市场上提供的播种密度更高,推广和落实了最新的玉米密植技术。合作社让农机手去参加政府提供的最新的技术培训,让农机手学会调整机械,推广最新的播种技术,统一规范,保证播种服务的质量,在给农户提供服务的同时,也促进了技术的推广和落地。

4.获取农民的支持和理解

农业技术的真正落地需要规范的加持。技术最终的归属是土地,作为农民的私有财产,政府在推广和落实技术的过程中会遇到层层阻力,很重要的一关就是得到农民的理解和支持。而部分农民由于其自身有限的技术水平和能力,无法及时地理解和适应最新的农业技术,于是需要规范的加持,让技术标准化地下行实施。同时,由于农民一年的收益只能在粮食收获之后才能得到,所以农民普遍具有较高的风险意识,以求稳为主,一般不会冒着试一试的心态去尝试使用新技术。而若以规范的形式推动农民使用新技术,每家每户都统一,同时制定相关的种植补贴帮其有效规避风险,就能克服农民的心理恐惧,推动技术真正落地。

统一的规范可以打消农民使用新技术的顾虑。以玉米密植技术为例,玉米的亩产量通常用"籽粒产量=亩穗数×穗粒数×粒重"这一公式来计算。亩穗数、穗粒数和粒重是构成产量的三大要素,齐河为了提高单位亩产,在科学充分地试验之后,决定提高玉米种植的密度,从每亩4200株到每亩5000株,在其他两项不变的情况下,可以提高亩产约400斤以上,这就是玉米密植技术。但是在密植技术推广的过程中,却频频受阻,得到了很多农民的质疑。农民的疑虑有二,首先是玉米种植密度一旦变大,人在施肥和洒农药的时候就很难进入,会影响其病虫害防治的质量和粮食增产的效果,让施肥和洒农药变得很不方便;其次是有农户觉得自己在不密植的情况下,通过精耕细作也能够使单个玉米长得更大,提高穗粒数,同样也能提高玉米亩产,还节省了一大笔种子费,对他而言更加划算。

对此,齐河出台了相关的规范,很好地打消了农民的疑虑。齐河政府规定每年免费提供统一的"一喷三防"的病虫害防治服务,这就保障了密植的前提条件,即无人机喷洒农药、种肥一体的实现,使玉米地里不需要再留额外的间距留作人工除草和施肥的空间。对农民的第二种疑虑,齐河政府的农技员表示,这些是老农户旧有经验的偏见所导致的,农民的风险意识比较强,所以在前期投入上总是能省就省。但是实际上密植的增产效果更好,因为"两个棒子总比一个棒子大",玉米增产导致盈利的那一部分,远高于农民在种子上节省的费用。并且,由于齐河县规定统一供种,这几年来都采用的是"登海605",这一品种就是比其他品种更加适合密植。所以,规范的出台保证了无人机飞防和种肥同播机的使用,为玉米密植技术的推广奠定了基础,也为其他类似技术的落地提供了条件。

农业科技的创新和推广是大势所趋,技术的应用呼唤规范的出现,规范的出现保障技术的落地,两者相辅相成。统一的规范可以避免因农业生产监管指标相对弥散而带来的诸多误会,便于政府监管时有据可依;农业规范打消了农民尝试新技术的顾虑,能够获取他们的理解和支持。总的来说,农业规范营造了良好的生产秩序,为齐河农业稳产提供了坚实的基础,推动了农业的现代化。在未来,更多崭新的机械和技术将被应用到农业生产当中。农业规范应与时俱进,响应人民诉求,不断改良和完善,让技术真正落地,用技术规范化推动农业现代化。

二、实践规范的多元共建

规范的形成来源于对已有生产经验的总结和凝练,离不开多元主体的共同参与。在规范的形成过程中,不仅需要农业专家专业的技术指导,还需要科研人员的反复实验,更需要政府的大力支持。除此之外,企业、农业合作社、种粮大户、农业示范户、农机手等多元社会主体也都参与其中。规范的多元共建,让粮食增产、农民增收,将生产经营可能造成的风险降到最低,保障齐河农业稳产高产。

政府制定规范。国家在大力推广新型农业科技和机械时,政府会制定相应的规范使之在本土顺利落地。以良种补贴为例,几年前,按照国家"宽幅精播"的提倡,落实到山东省级的补贴标准是 15—20 斤/亩良种补贴,落实到齐河县一级,齐河结合地方实际,在调查当地市场价格后,按照 20 斤/亩的标准推行。齐河县从国家级"种粮大县"每年数千万元的奖励性补助资金中拿出 1000 万元资金完成良种补贴。按照总亩数摊下来,每亩能够补贴 8.5 元。这一补贴规范适应了齐河县的经济发展水平,惠及农民,推动了良种的广泛使用。政府因地制宜,制定本土化的技术实施方案,保障先进农业技术真正落地。

技术人才提供经验和建议。农业技术人才包括农业专家、农业示范户、农技员、高产的种粮大户等。在技术规范的制定过程中,这些主体发挥了关键的作用。来自高校、实验室、科研机构的农业专家和技术人员,为技术规范提供了自上而下的实验和理论保障;来自田间地头的农业示范户、种粮大户等"土专家",为技术规范提供了自下而上的经验支持和实践引领。

在制定规范的过程中,农业示范户是经验参考的重要来源。

这些在田间地头精耕细作的"土专家",是技术最终端的落实者,是一线的技术人员。比如,齐河县后拐村的赵金城,在2014年就创下了玉米单产1084.3公斤的纪录,远超当时人均700—800公斤的成绩,获得了当年"玉米单季粮王"的称号。农业技术人员多次向他请教生产经验,将他的经验总结提炼之后,写入了生产规范。例如,赵金城在1998年就开始进行秸秆还田。那时候,大部分农民在玉米收割之后,会将废弃的玉米秸秆捆绑后运回家,用作饲料或者柴火。多余的玉米秸秆,有的农民会直接就地焚烧。而赵金城选择将废弃的玉米秸秆用轧草机碾碎之后,用牛拉回地里,均匀地覆盖在地表,使之在土里腐烂分解。这种方法可以使秸秆里的有机质回流,增加了土壤有机质含量,培肥地力,绿色环保,既保持了土壤的肥力,又顺应了现代化农业的绿色发展方向,是一种极好的尝试。于是,农技员总结了赵金城关于秸秆还田的经验,并与时俱进,结合现代化机械的使用对之进行了改良和创新,制定了齐河县秸秆还田统一规范:在玉米收割之后,将废弃的玉米秸秆用机械就地粉碎,均匀地覆盖在地表,随即用翻地机深翻入土,使之在地下腐烂分解。玉米秸秆经过粉碎机之后颗粒更小,更容易实现充分腐烂,使有机质充分回流;深翻机的使用让秸秆颗粒更加均匀与土壤混合,将秸秆深埋于地下,使之腐烂分解,这样还可以杀死秸秆里的虫卵,减少下一季度的病虫危害。

由于"粮王"强大的地方影响力,其他农户纷纷主动效仿,使秸秆还田在齐河县率先得到了大力推广,带动了更多的小农户实现了高质量生产,促进了齐河农业整体农业水平的提升。

企业和合作社形成规范。在市场经济发展和规模化经营的趋势下,企业和合作社在长期的运营和实践中,自发形成了一套生产和服务的规范。企业和合作社是提供农业生产服务的先锋和主力军,这些社会化主体在流转土地、经营土地、提供社会化服务的时候,会通过签订合约,与农民、农机手、公司达成托管、雇佣和租赁关系,确保在生产过程中不会产生利益纠纷;在人员管理方面,需要制定工资、待遇、技术、工作要求等一系列规范,同时,为了保障所提供的社会化服务的质量,企业给农机手提供技术培训,并制定了严格的操作要求。这些在齐河县农业实践中产生的具有本土化的方案,在实践中不断得以证实和完善,为后来齐河县统一的生产规范奠定了基础。

例如,以下是齐河县某合作社在社会化服务方面,自主制定的系列规范(节选),该规范就为后来政府对农机手的集中培训内容,提供了有力的借鉴。

机手管理

(1)长期机手

入社:需要有3年左右的经验(因为机械设备很大、智能化程度高),入社后根据经验年限及技术,逐步接触不同的机械(旋地—深松—播种,三年成长经验)。部分已经成长为管理人员。

管理:签订合同,收取押金(一年一交一退)。

(2)本地零散机手

入社:各村机手带着设备加入合作社后才能开展服务(提供用户群);一般农忙时,机手管理员会通过社会关系协调机手入社参与工作(提前打电话联系)。

大部分本地设备无法达到要求,所以不会允许入社参与作业(托管项目可以接受,但是政府服务项目有明

确的机械设备要求,如深耕要求 140 马力以上,深松 130
马力以上,才能保障质量)。

管理:签订合同,收取押金(一年一交一退),在验收
合格后退还;一般就近参加本村工作任务,遵循合作社的
机手管理要求,出现问题由合作社机手管理人员进行协
调;优先保障社里的老百姓任务要求(可以在非集中作
业期间在社外帮忙)。

(3)外地机手

人员:南方收麦子的机手(麦客)。

入社:带着设备入社,50 元/亩,高于其在其他地区
收割价格,但低于当地散户自行收割价格(正常为 60—
70 元/亩)。

管理:签订合同,收取押金(一年一交一退),在核定
工作量和机损量后,达标后发工资退押金,不合格就扣工
资(合作社 50 元/亩)。

像齐河县农村这样的乡土地区,正如费孝通先生在《乡土中
国》中所言,是一个典型的熟人社会。农业的社会化服务是在一
个熟人圈子里发生的,基于大家的共识和社会性的监督,本身就自
然而然地产生了一定的规范。大家共同生活,高度互信,每个村里
多少户、多少口人、多少亩地,人们心里都一清二楚。农民在购买
社会化服务的时候,各种服务的市场价格,比如收割、播种、耕地,
他们都心知肚明。同时,作为专业农民,种粮大户、合作社对生产
质量看得重、要求高,这已经成为大家的共识,与农民之间已形成
了长期的合作机制和信任机制。合作社、种粮大户、企业之间都是
互相服务的,遵守统一规定。所以他们会制定严格的生产和服务

规范,保证其服务质量和效果,在当地树立良好的口碑。

规范的形成来源于对已有生产经验的总结和凝练,立足于当地农业实践,经历了经验总结、专家参考、科学实验等一系列的过程。在农业专家的指导下,借鉴种粮大户的先进经验,提炼和总结了一系列农业生产和服务规范,并在实践推广的过程中不断改良创新,形成农业生产的良性循环,保障了齐河县粮食生产稳定发展。

规范的形成离不开多元主体的共同参与。齐河县政府立足当地农业实践,借鉴生产示范户的经验,在农业专家的指导下,陆续制定并推广了一系列农业生产和服务规范,并在农民的实践操作中不断改良。多元共建使规范立体全面,让粮食增产、农民增收,保障齐河县农业稳产高产。

第二节　政府主导的规范集中建设

上一节分析了农业规范制定的原因和多元共建的过程,农业生产的规范化、制度化、程序化是大势所趋,越来越多的农业地区意识到了农业规范的重要性。但是,目前全国各地的农业生产探索"即兴式"举措较多,虽然亮点也不少,但多数都属于"碎片化"的局部生产经验,局限于当地部分农业地区,缺乏从整体规范的高度进行系统制度设计,往往出现后劲不足、可持续性不够的情况。齐河县高度重视农业规范的建设,在立足于当地实际的同时,政府牵头,高标定位,参照国家标准,请国家级的专家参与规划,出台了全国首个粮食标准综合体的县级规范,为其他县级农业地区提供了参考和借鉴,对加快推进农业生产规模化、规范化、专业化、组织化具有重要的促进作用。同时,齐河县借助广大社会主体的力量,大力推广,使规范真正得以落实。

一、系统规范的高标准制定

从实践中生长出的规范,虽然经历了初步的提炼、筛选,但总体仍然是不成熟的,往往呈现内容上的碎片化,以及适用主体上的"各自为政"。一项成熟规范的形成,必然要经过集中、专业的研究,经历系统、综合的修订以及严格的考察、试验,才有可能在面对复杂多样的生产实践时真正具备引领性、规范性、可塑性。

为进一步规范齐河县小麦、玉米质量安全生产和种植社会化服务,齐河县率先开展农业综合标准化研究。与其他地区制定的地方性规范不同,齐河县并不局限于当地实践经验的总结和对中央文件的直接引用,而是采取高标准定位,参照国家标准,请高级专家定制规划,统一标准化建设术语,规范了区域划分和建设规模,对技术要求设置严格的规定。

齐河县参考国家标准,并邀请了农业农村部种植业管理司、国家市场质量安全监管总局、合作经济经营管理总站和国家标准化管理委员会、中国标准化研究院、中国农业科学院的专家,结合当地实际情况,共同研究制定了《小麦、玉米质量安全生产标准综合体县市规范》和《小麦、玉米生产社会化服务标准综合体县市规范》。出台粮食标准综合体的县级规范,在全国尚属首创。

这两部规范规定了齐河县小麦、玉米质量安全生产和生产社会化服务综合标准化建设发展目标、建设内容、技术要求、综合服务和建后管护等方面的内容,全面而具体,对小麦、玉米生产的水质、大气、土壤、耕作、管理、科技、农药使用、肥料择选、社会化服务等规定了严格的科学标准,实现了全过程管控。

以《小麦、玉米生产社会化服务标准综合体县市规范》中"生产服务与技术要求"为例,该章节为小麦种植生产的全程服务做了明确细致的规范,按照粮食生产的时间顺序一一说明,以下是部分节选:

5.3.1.1.1 深耕深松(可撒施底肥),使用深松机、联合整地机或多功能深耕种肥联合作业机(若撒施底肥可用肥料撒施机),动力要求80.9千瓦四驱以上,耕作深度在25厘米以上。深松后土质上实下松,三年一次深松。

5.3.1.1.2 旋耕扶垄,使用51.5千瓦以上动力机械、新型旋耕机,小麦田种植需要旋耕两遍(深耕过的一遍)顺带扶垄,旋耕深度15厘米以上,土地平整上松下实。

5.3.1.1.3 播种施底肥,种肥同播(旋耕前施过肥的不用),使用种肥同播机,动力51.5千瓦以上,种肥距离8厘米,播种要求深度3—5厘米,田间出苗在90%以上。

5.3.1.2.2 麦田草害防治。小麦田杂草由禾本科和阔叶杂草组成,根据不同地块的杂草情况选择除草剂,既可以单独防治禾本科或阔叶类杂草,也可以禾阔双杀,按照既能保证效果又符合经济核算的原则选择除草剂,使用自动式机械作业,除草效果要求在85%以上。

5.3.1.2.3 病虫害防治。小麦拔节期重点防治红蜘蛛、麦叶蜂、蚜虫,预防纹枯病、条锈病等病虫害。抽穗扬花期实施小麦"一喷三防"技术,防治小麦条锈病、白粉病、吸浆虫、麦穗蚜,确保小麦后期生长安全。此期各类病虫将混合发生,因此可进行病虫兼治,杀虫剂、杀菌剂、植物生长调节剂(磷酸二氢钾)混配使用,实施"一喷三防"技术。有条件的地方,使用直升机和无人机飞防,利用地面远程喷雾设备布防,防治虫害效果要求达到80%以上,杀虫效果达到90%以上。

在2015年北京"齐河模式打造华夏第一麦"评审发布会上,《小麦、玉米生产社会化服务标准综合体县市规范》和《小麦、玉米质量安全生产标准综合体县市规范》经由农业部、国家标准委、中国农科院、中国社科院等部门组成的专家组评审通过,两部规范得到了专家和领导的一致肯定。中央、地方主要新闻媒体记者参加会议并做了重点宣传报道。

在生产规范方面,齐河县紧跟农业现代化步伐,大力推广先进农业机械,提高农户农业生产的效率和质量。以种肥同播为例,种肥同播机发明成功之后,齐河县在规范中明确写道,要全面推广种肥同播技术。在种肥同播机发明出来前,农民大部分是采用播种机,播种后再进行人工施肥,程序烦琐。且肥料覆盖于土壤表面,容易挥发或冲蚀,损失率较大。种肥同播机问世之后,该机器能够实现播种施肥合二为一,将种子和肥料同时埋入土中,并且能够精准把控埋藏深度和距离,避免了肥料烧种、施肥不均等一系列的技术问题。了解了这一优势后,齐河县率先大力推广使用种肥同播机,并制定了相关的技术规范,培训农机手进行机械操作。农机手在使用种肥同播机播种小麦、玉米时,需将种子和控释肥分别放入播种机的两个篓,工作时机械就自动做到播种和撒肥合二为一。种肥同播机的使用让种肥距离和播种深度更加均匀精准,省时省工省力,使田间出苗率达到了90%以上,效率极高,在抢天气播种或者抢墒播种时,优势最为明显。齐河县坚持高标定位,采用先进高效的农业机械和农业技术,顺应农业现代化潮流,促进粮食增产高产。

生产和服务是农业的左膀右臂。为保障齐河县农业整体的高水平,除了生产规范,政府还制定了一系列社会化服务的规范,帮助小农户有效对接社会化服务市场,节本增效,推进社会化服务覆盖农业生产全过程,推动小农户与现代农业发展有机衔接。社会化服务规范涉及生产过程的方方面面,包括金融保险服务、生产资料代购服务、农业机械服务、土地托管服务等。

以金融保险服务为例,政府引入农业银行、农商银行、村镇银行、小额贷款公司等在内的涉农金融机构,组建了一套成熟的农业金融服务体系。比如,农民若需要资金用于流转土地或者购买大型农业机械,可以用房产和土地抵押,申请惠农贷款。同时,为了转移天灾人祸给农业生产带来的巨大风险,齐河县建立了政策性农业保险工作长效机制,引导农户购买农业保险,全县参保率达100%。这一服务规范使农民能够更顺利更安全地获取农业资金支持,扩大生产规模,提升机械和技术水平,同时转移天灾人祸可能导致的粮食减产的风险。

在生产资料代购方面,规范要求供销合作社利用自身完整的生产资料经营服务网络、服务体系和全国合作总社及省、市供销社生产资料采购平台,积极供应优质种子、肥料、农药,努力提供包括测土配方施肥、病虫害防治、办班培训、指导施肥、示范种植、机耕、机播、机收和农产品购销等全程农业社会化服务。由基层社联系配送中心，按照定制代购的生产资料需求，减少中间环节，面向农民、种植养殖大户、合作社和村委会直供价廉优质的农资产品。并且，供销合作社要按照定制服务，为种植大户、家庭农场、农民合作社等提供订单式、托管式服务，合理施肥、科学用药，提高农资使用效率。其他服务主体亦可参照上述要求规范开展生产资料代购业务。

《小麦、玉米质量安全生产标准综合体县市规范》和《小麦、玉米生产社会化服务标准综合体县市规范》是齐河县政府和多元主体在立足当地实际、进行广泛调研后共同产生的结果，为齐河县农民提供了一个农业生产的样板，搭建了一个技术和服务的高台，加速了齐河县整体农业水平的提升。规范的建立为"吨半粮"建设提供了坚实的保障，为高质量生产提供了一份满意的答卷，助力齐河县成为全国粮食生产的高地，也为其他农业地区提供了可以借鉴的"齐河经验"。

二、成文规范的本土化推广

优秀的规范如果得不到落实，就会沦为一纸空文。新规范的出台，呼吁相应推广体系的形成。为了保障规范的大力推广，齐河县一方面注重规范本土化，提高其可操作性；另一方面借助多元主体的力量，使之深入农业生产的各个环节，得以真正落地。

《小麦、玉米质量安全生产标准综合体县市规范》和《小麦、玉米生产社会化服务标准综合体县市规范》一经出台，就在齐河县得到了大力推广。政府、企业、合作社、种粮大户、农业示范户、农机手、农技员、农民等多元社会主体都参与其中。依靠多元主体的力量,政府不断扩大规范的影响力,通过田间地头的规范化操作,让农民感受到实在的效益。

政府在规范推广中起到了引领作用。作为规范的主要制作者、推广者和监督者,政府在规范落地的每个环节都层层把关。从规范的出台,到向农民宣传和讲解,再到对农机手的集中培训,都离不开政府的统一领导和组织。各个生产主体都是一个独立的点,正因为有了政府的穿针引线,才使他们组成了一个联系紧密的网络,环环相扣,助力规范真正落地。除了带动社会各界落实规范,政府还在规范的宣传方面下足了功夫。例如,借助各村庄广播站,在规范正式出台后,政府将规范在各村的大喇叭中统一定期播放,在农民群体中推广规范。

合作社是规范推广的重要载体。合作社作为大规模的农业生产主体和提供社会化服务的市场主体,在规范的推广过程中起到了执行和落实的作用。以某合作社为例,该合作社所提供的社会化服务就严格按照齐河县出台的规范进行。张树军表示,自己提供的服务是高度标准化的,每一个雇佣的农机手都经过了政府的专业技术培训,在机械操作和种肥选择上,严格按照规范进行。例如,当种肥同播这一技术被写进规范后,在政府的补贴下,合作社购进了种肥同播机,并让雇佣的农机手学习使用新机械,让种肥同播的技术得以真正落地。

农业示范户在规范推广中起到了重要的示范带头作用。农业示范户作为农业生产中的"土专家",在其他农民心中具有较高的权威地位,具有强大的示范带头作用。在规范出台后,农业示范户带头落实规范要求,选种、播种、施肥等程序都严格按照规范进行,实现了稳产高产。这一举动证明政府出台的农业规范行之有效,给其他农户吃上了"定心丸"。第二年,农民都主动按照政府出台的规范生产,使规范轻松得到了大力推广。

农民是落实规范的重要监督主体。作为农业生产服务的主要购买者和农业生产的第一责任人,他们有权对自己购买的服务进行监管,同时,农民普遍"惜地爱地",对自己土地的产量、肥力也十分上心,是督促规范落地的重要主体。随着互联网、社交媒体的发展,农民对社会化服务主体的监督更加方便,也适应了农民"兼业式种地"的情况。有的村民将土地托管给合作社后,自己外出打工赚钱。到了该打药除草的时候,村民可以要求合作社在打药后的某一具体时间拍视频给自己看,检查服务主体是否是按照政府规定的时间和要求进行的操作。借助微信等线上工具,村民的监督打破了时空限制,成为当下监督规范落实的重要主体。

农机手是落实规范的重要抓手。农业机械是技术的重要载体,农机手是操控农业机械的主体,抓住农机手这个重要一环,让农机手严格按照规范操作机械、执行生产任务,就能使技术得到真正落地。以玉米密植技术为例,为提高亩产,齐河县在规范中要求使用玉米密植技术,提高玉米种植密度。由于播种的密度是可以通过调节、设置机器改变的,保障机械的规范使用也就保障了技术的真正落地。政府统一对农机手进行技术培训,教他们如何调试机器、将间隔距离调大,在播种时让玉米种子的分布密度变大。玉米密植技术的推广任重道远,但因为有了农机手的支持,推广之路变得更加顺畅。

作为农业大县,齐河县政府脚踏实地,在制定规范后立即大力推广,政府牵头,积极动员多元主体的力量,层层接力,使之在田间地头得到真正落实。规范在制定后不应该被束之高阁,推广的过程也不应该是形式化作秀,齐河县的推广方法为其他地方提供了可以借鉴的经验。

第三节　长效规范体系的更新与巩固

农业规范在制定之后并不是一成不变的,随着农业技术的进步和市场经济的发展,规范也应与时俱进,不断更新改良,持续拔高。作为全国农业生产的高地,齐河县高水平的农业生产离不开常态化的监管体系和与时俱进的规范改良。同时,在规范推广的过程中,齐河县逐渐形成了适应当地的常态化监管体系,规范在实施的过程中不断完善巩固。

一、既有规范的常态化监管

常态化监管是规范落地的重要保障。为了保障既有规范在实施的过程中不变形、不缩水,齐河县形成了一套严密的系统,借助现代科技的力量,引入多元主体共同参与,构建了常态化监管网络。

政府是监督规范得以落实的主力。政府在规范中明确了监管方案,为常态化监管提供了依据。以"一喷三防"的常态化监管为例,由于病虫害防治是农业生产的刚需,从 2010 年左右开始,齐河县每年为农民提供免费的"一喷三防"服务。2014 年,为切实落实好小麦"一喷三防",根据省市关于小麦"一喷三防"补助项目实施方案要求,齐河县政府结合当地实际,县农业农村局、县财政局联合行文印发了《齐河县 2014 年小麦"一喷三防"补助项目实施方案》，重点对小麦"一喷三防"项目实施的意义、补助的范围和对象，补助的方式、内容和标准，操作办法和程序及组织保障措施进行了说明和规范，并成立了项目实施领导小组和技术指导小组，确保了该项目的顺利实施。

在技术规范层面，县农业农村局成立以植保站、农技站、土肥站为主的技术指导小组，分赴各乡镇进行技术指导。通过发放技术明白纸、技术挂图、举办电视讲座、利用"农政通"短信信息平台等多种形式开展技术宣传，及时将技术管理信息发给科技示范户。同时，利用村头田间课堂等多种形式开展技术培训，指导农民正确选用、使用农药。

在用药规范层面，为确保"一喷三防"效果，齐河县严格规范了药剂招标程序，精心选择采购药剂。结合齐河县实际，按照"高效、兼顾、低毒、低残留"的原则，选择了以复配药剂为主的采购方案。在分发药剂时，要求相关工作人员如实填写药剂分发登记表，并拍摄分发照片，农业执法人员还对采购药剂进行了封样留存。同时，严格落实公示制度，对药剂分发情况进行张榜公示，坚决杜绝截留、挪用等行为现象发生。

在服务规范层面，齐河县依托社会化服务组织，实行小麦病虫害专业化统防统治。社会化服务组织的类型可包括农业服务公司、合作社、无人机公司等。社会化服务主体必须遵循政府出台的技术规范和用药规范。以下是《小麦、玉米生产社会化服务标准综合体县市规范》中对统防统治服务操作程序的明确规定，是开展服务规范化常态化监管的依据。

5.3.1.2　统防统治。

5.3.1.2.1　服务操作程序。小麦播种前 30 天，由县农业农村局下达各乡镇小麦全程统防统治面积指标。县植保站根据服务组织的服务能力分解面积指标,服务组织根据各服务队所在区域(村庄)自行确定统防统治具体地块,但统防统治地块必须成方连片,不得少于300亩。县植保站全力做好病虫害监测,向服务组织提供病虫发生防治技术信息,制订经济有效的小麦全程病虫害防治方案。为提高防治质量,监督服务组织统一购买三证齐全、质量可靠的高效低毒农药或生物农药。服务组织与统防统治区域的农户,签订全程承包防治服务合同。在签订合同后,服务组织向农民收取减去政府补贴后的防治费用,根据防治方案确定的防治药剂组织施药,每次都必须做好详细的施药记录,并由村委会签字确认。全生育期防治结束后,服务组织将承包合同、施药记录交县植保站审核,在确认完全履行合同后,由县农业或财政部门将补贴经费支付给服务组织。防治工作结束后,由县农业农村局对防治完成情况进行评估验收。

除了政府之外,其他社会主体也积极参与规范的常态化监管。

"经纪人"在社会化服务当中起重要的监管作用。农民口中的"经纪人",即帮他们寻找社会化服务的中介。经纪人手里有很多可以提供社会化服务的人脉和资源,他可以帮农民联系到需要的农机手和相关机械,但是需要交一定的中介费,比如,收割机中介费的市场价是每亩5元。经纪人收到中介费之后,不仅要帮农民找到相关的机械和农机手资源,还要保证整个生产服务有序、规范地运行。在这一过程中,经纪人化身农业社会化服务的监督者,确保农业生产服务严格按照规范进行,起到了重要的监管作用。

农民是自发监管的重要主体。政府对规范的广泛宣传,保障了农民的知情权,使之有了监管规范的依据;在政府的补贴支持下,农民积极响应政府号召,自发监督农机手和社会化服务主体的生产操作,为规范的落地奠定了广泛的群众基础。除了之前提到的农民线上监督,留在农村的农民在社会化服务完成后也会进行实地考察。由于按照规范播种会得到政府的补贴,所以农民会要求农机手按照政府的规范进行操作。由于利益关系的约束,农民自发成为规范监管的主体,助力技术最终落地。

在对规范的常态化监管中,政府的力量是有限的。但是政府可以带动各界社会力量共同参与,形成一个严密全面的监管网络,使规范得以真正落地。政府提供自上而下的监管,其他社会化主体则提供自下而上的监管,两者一经接轨,便形成了一整套全面立体的监管模式,为规范的落地保驾护航。

二、成熟规范的持续拔高

随着农业技术的进步和市场经济的发展,规范在实施过程中也会遇到新项目的加入、新技术的使用等一系列挑战。齐河县规范随着科学技术和生产水平的提高,与时俱进,不断升级。

项目规范持续更新,不断提高。大约十年前,农业示范区建设的最低要求就是旱能浇、涝能排。随着示范区不断扩大,国家高度重视,在资金上大力支持,每亩配套资金也逐步提升,从1000多元提高到3000多元,能够购置的农业机械和基础设施更加先进,规范的技术要求也就不断提高。2024年,齐河县预计完成高标准农田建设110多万亩,其中,有60多万亩早期建设的农田未能真正达到标准,在井、渠的建设方面还需加强。规范明确规定要将60

多万亩农田和其他土地统一达到高标准水平。可见,规范不仅要向前发展,还要向后追溯,不断反思总结,努力使全过程都达到高标准。

各部门职责不断明确,分工逐渐细化。以高标准农田建设为例,2011年高标准农田建设项目正式开始时,相关工作分散在各个不同的部门。国土部门(现自然资源部)负责土地综合整治和路、桥建设;水利部门负责井、桥建设和小农水项目;发展改革委负责千亿斤粮食项目。2014年,国家农业部发布了《高标准农田建设通则》国家标准,进一步规范了高标准农田建设,促进了国家标准、行业标准、地方标准上下结合、相互衔接。2019年开始整合各部门工作,整体称为绿色优质高产创建项目,由农业农村局承担。在规范实施的过程中,工作人员不断发现问题,调整各部门间的项目分配与合作方式,提高了农业生产的效率。

技术验收方式不断升级。技术验收是对规范的纵深发展,是技术落地后的科学延续,政府不仅要持续开发多样化的技术验收方式,还要与时俱进,不断改良。以有机肥项目为例,化肥作为农业增产的重要工具,必须对其质量和使用效果严格把关,这对验收方法有着极大的考验。在项目启动初期,政府招标选择质量有保障的化肥企业,统一购买化肥后将其运送到各村,发给农户施肥。由于化肥药效释放缓慢,对标准验收过程提出了更高的要求。齐河县利用现代科技,请专业人员测量有机肥撒前撒后的土壤有机质,并在各村进行公示,还附有国家标准有机质含量指标,提高了农户对规范的信任度。

规范具体操作更加便民利民。农业规范的本质在于控制农民粮食生产的风险,但在这一过程中,风险控制与民生建设应该并驾齐驱,做到便民利民。以农民机井取水灌溉为例,在高标准农田区,农田基础设施建设非常完善,农民灌溉实现了全程机械化,使用水卡感应取水。在规范实施后,水利局为了能实时监控每个农户的用水用电量,进行了机井系统改造。改造之后,村民可先刷卡浇地后再交电费,但刷卡只能显示当下的电量,所以要由村干部登记每位村民浇地前后的用电量。后来,村民和村委要求改回原来的方式,水利局最终表示同意。政府坚持民意至上,使规范做到便民利民。只有把民生建设作为农业生产的基础,通过完善农业规范构筑保障农业生产和发展的基线,形成便民利民的规范体系,才有可能从源头上促进农业发展,保持社会和谐。

政府与企业合作,运用现代科技,不断提高规范的科技含量,提高规范监管的可操作性。以政府"一喷三防"的规范为例,随着无人机飞防逐渐成为常态,齐河县政府率先与大疆公司进行战略合作,使所有正在运行的无人机的数据能够实现共享,让政府能够进行实时监测,保障了规范的真正实施。通过与科技公司合作,并利用大数据等现代科技,齐河县政府借助各方资源,在无人机飞防的规范上持续提高,将监管程序和操作办法具体化,真正实现责任到人、信息公开,保证了无人机飞防的质量,充分保护了农民的权利,保障了齐河县病虫害防治的整体水准。

齐河县农业的科技含量不断提高,经营管理模式逐渐改良,社会化服务体系不断完善,正朝着规范化、制度化的方向快速发展。技术的发展呼吁规范的支持。齐河县敢为人先,出台全国首个粮食标准综合体的县级规范,大力推广农业技术,最终实现了粮食稳产高产,农业现代化水平也不断提高,为其他粮食生产地区提供了"齐河经验",为中国的农业发展进程提供了有益的经验。齐河县农业技术规范化进程给了我们以下启示：

立足当地实践，形成本土化的规范方案。为保证农业技术在当地的可操作性，促进技术的进一步推广，应结合当地生产实际，考察当地水源条件、土壤质量等自然因素，因地制宜，出台行之有效的规范方案。同时，为保障技术的有效落地，要将官方文件上的专业术语改写成农民听得懂、看得懂的语言，进一步修改完善，在本土化的同时保持其科学性，确保指标、数据、规定可靠、可行，更好地融入当地农业的发展。

高标定位，制定先进科学的规范方案。为保证规范的科学性和普遍性，可以参考国家农业标准，高标定位，再结合当地实际，制定本土化的实施方案。引进先进的农业技术和机械，促进农业的规模化、机械化。同时，规范的制定并不是一劳永逸的，科学的不断发展呼吁规范的持续更新。在落地实践中，要不断地反思拔高。要及时听取群众意见，定期收集技术人员的反馈，不断调整优化，与时俱进。

积极调动多元主体的力量，出台全面的规范方案。规范从制定到推广，再到不断完善其内容，都离不开社会各界的共同参与。在制定和改良规范时，农民、农机手、合作社、企业、政府都是参与规范制定的主体，各主体集思广益，让规范的内容精益求精，更好地适用于当地农业的发展；在推广过程中，要利用多元主体组成的紧密网络，环环相扣，保障技术最终真正落地。

齐河县在农业规范化领域先人一步，作出了努力的探索，制定了一套相对成熟的农业规范。虽然这个规范仍然在不断地经历改良和完善，但已经取得了一定的成效，其探索的经验和方法值得其他粮食产区借鉴。不过，值得一提的是，农业规范化实践并不是放之四海而皆准的,由于齐河县在自然地理方面具有天然的优势:土地平坦肥沃,水源充足,素有"绿色黄河粮仓"和"中国小麦之乡"的美誉,加之齐河县社会化服务体系已经相当完善,具备了技术密集型的条件,才有了形成农业规范化的土壤。其他粮食产区不应该盲目效仿,在借鉴"齐河经验"的同时,应该充分考虑自身的自然和社会条件,分析是否具备了可以实现规范化的前提,科学合理地打造本土化、可操作化的农业规范。

结　语　齐河县农业高技术创建的路径与启示

　　随着农业生产的技术水平与机械化程度不断提高，人类的农业产能也得到了跨越式的增长。农业高技术生产的实现，带来的不仅是产量的提高以及成本的降低——这只是就农业本身而言的好处，其更为深远的意义，是能够将劳动力从田间地头解放出来，使万千小农户参与到中国制造持续腾飞的跨越式发展当中。当农业生产的每一个技术环节匹配于小农户的兼业行为，农户既能轻轻松松把家里的田种好，也能从外出务工中获得更多收入，家庭经济因此能够在追求富裕的同时兼顾稳定。从国家的立场，农业的高技术发展已成为有效衔接第一、二、三产业关系的钥匙：工业、服务业因此获得更充足的劳动力供给与更充裕的消费市场，第一产业面临的劳动力流失、种植日益粗放的窘境也得以缓解。最后，农业的高技术带来农业的高收益，当这些收益能够惠及广大农户，使农户愿意回到农村、回归农业，从而延续农耕文化，涵养农村社会。

　　有了能够提高产能的技术还不够，更关键的问题在于，如何将高新技术、高新设备配套于小农户的经营与生产。受限于年龄、教育水平、风俗习惯、学习成本等多方面的限制,尤其是小农户在空间上极其分散的现实,要在整体上提升小农户的农业科学技术素养需要一个漫长的过程。这时,一个替代方案应运而生:通过农业社会化服务的技术搭载功能,将广大小农户"托举"入技术密集型的农业生产模式当中。

于是,问题的关键聚焦于农业社会化服务的技术搭载何以实现,这又包括很多现实问题:社会化服务的主体为何有动机不断提升技术水平;为何有能力提升技术水平;技术服务的质量如何保证;如何对接分散的广大农户……尤其值得注意的是,地方政府如何贯彻落实中央的技术发展战略规划,如何通过项目制等基本治理方式对接不同类型的社会化服务主体,有效地激励、监管其技术服务,确保社会化服务的高质高效完成,建立一个良性、有序的服务市场,保障广大农户的基本权益。这些都已经成为相关实践者、研究者重点关注的问题。

由此,本书从技术引入、技术推广、技术获得、技术服务、技术实践、技术规范化等角度介绍了齐河县创建农业高技术生产的工作内容、工作方法以及工作成绩。纵观全书可以看到,齐河县的成功,是政府有力推广、市场有效搭载、农户积极响应的结果。在大国小民的基本国情下,粮食产能的综合提升,依赖于万千小农户能否实现高技术生产。而一项在实验室获得成熟的技术模式,只有经受住复杂多样的自然环境、市场环境、经营体系、组织体系的筛选、改造,才能真正满足不同类型经营主体,尤其是小农户的真实需求,才能得到广泛的推广与使用。在多元主体积极、有效的互动过程中,政策条件、市场条件、基础设施条件不断改善,一些真正符合本地生产要素配置结构的技术被筛选出来,其推广、搭载、实践方法也逐步成熟化、系统化、统一化,最终形成由民间到官方所共同遵循的技术规范。长期来看,多重有利条件的共振,多种优势资源的积累,多种技术搭载方式的发展,既保障了多种生产主体,尤其是小农户能够开展高技术生产实践,又促使所有相关主体更有意愿、更有能力进行技术的更新迭代,使农业生产进入技术持续提升的良性发展轨道。

对此,我们仍需追问,齐河县的成功经验究竟是什么,有哪些值得借鉴的地方? 地方农业发展如何才能进入政府持续高效投入以及多元主体共同参与的良性循环? 要回答这些问题,首先必须超越以下两类因素的简单解释:一是其他地区不具备的特殊性条件,例如地处典型的华北平原粮食产区,土地平整,相对适合大机械的推广,土地产出率、资源利用率、劳动生产率相对较高等。对广大中西部山区、非主粮产区,或相对不适用大型农业机械生产的地区,齐河县的很多技术模式、经营体系、组织体系并不那么适用。二是其他地区普遍具备的条件。在农业现代化体制建设以及国家战略布局整体推进的过程中,齐河县农业发展所依托的很多制度、政策、技术条件,是全国或者很多地区所共有的。例如农机补贴、高标准农田创建等政策与项目,秸秆还田、深耕深松等农业技术模式等。上述要素提供了农业高技术生产所必需的一般性、结构性条件,但不足以解释为何在同样的制度、政策、技术背景下,齐河县能够取得成功。

因此,"齐河经验"的阐发,还需要超越以上因素,探索有哪些真正有助于技术落地的机制与做法。在过去 20 年,齐河县粮食产能提升历程中,政府主导的农业高技术发展起到了关键性的引领职能。齐河县政府通过在农业技术水平提升上的长期工作与项目投入,逐渐探索出了一条立足于地方实际的高技术农业发展模式,既提升了技术水平,也提升了持续吸纳新技术的能力。总的来说,齐河县政府在农业高技术发展建设的过程中实现了两个维度的良性循环。

一是以技术优势激励政府长期重视技术提升的良性循环。项目制的实质,是将国家在总体层面的战略目标与发展规划,经由各部门的预算方案与专项计划得到落实,并自上而下地分配到地方。为此,上级政府既要通过项目制运作的规范化、程序化对下级政府的行政过程进行监督,也要以下级政府作为行政工作的代理人、执行者,充分调动其工作的积极性,使国家战略意图得到充分的贯彻落实。

在实践中,农业对地方财政收入的贡献十分有限,加之农业领域的投资见效慢、风险大等其他因素,都进一步限制了地方政府在农业领域的长期投入以及开展农业高技术建设的积极性。在此背景下,很多地方政府部门即使接到了农业技术水平提升的相关项目,也没有很强的积极性去跨越部门与项目,对项目进行整合与全方位的资源配套。

2000年年初,齐河县尚有很大比例的棉花种植,粮食产量也尚未明显超过周边县市。经过持续多年的投入建设,齐河县终于在2012年实现吨粮,在2014年实现"吨半粮"。核心示范区从几万亩逐步发展到60万亩。粮食产量的提升以及地方品牌的打响提升了相关项目、资本、技术资源向齐河县聚集的速度,相关基础设施的改善、制度体系的完善以及人才设备的积累,又形成共振效应,进一步提升了当地接纳新技术的能力,使农业生产进入"技术提升—效能提升—技术再提升"的良性循环。

二是农业经济效益的提高促进多元主体进一步参与农业现代化生产，提升农业技术水平的良性循环。经过多年建设，齐河县逐步建立起一套包括制度建设、组织架构、工作方法等方面的农业高技术生产支持保障体系。为社会化服务主体引入技术、扩大规模、获得市场提供了有力的帮助，也有效保障了广大小农户的技术获得。从而使技术优势有效转化为农业生产过程中的收入增长。使社会化服务主体的技术搭载功能充分发挥。

社会化服务主体更加愿意在政府的扶持引领下不断尝试、引进新的技术设备，尝试不同规模的经营方式以及不同类型的社会化服务配套模式。在这一过程中更加灵活、充分地将现代生产要素注入农业生产，将地方农业生产与全国上下游的市场与产业链相连接。小农户享受到了农业高技术生产带来的红利，从农业生产经营中获得了好处，也更加愿意配合政府的技术推广工作，尝试多样化的农业技术服务。在高收益的吸引下，不断有年轻血液注入农业生产队伍，以粮食生产大户为代表的生产主体不断钻研农业技术的实践搭配模式，在全方位、多主体相配合的农业生产实践中不断推进农业技术的深化、再造。

在本书的最后，我们将以上述两个良性循环为主轴，回顾齐河县迈向技术密集型农业的过程，考察政府内部统筹规划，部门之间协同配合，以及政府在对接市场主体、广大小农户过程中会遇到哪些困难，齐河县政府又是如何能够在实践中克服这些困难，在较长时间段内实现政府引领技术水平提升的治理效能的。尝试探讨齐河县为何能在政府的引领下，能够有效引入技术、资金等生产要素，带动各类经营主体技术水平的总体提升，使技术经由政府引导有效引入，经由社会化服务主体得到有效搭载，最终惠及广大农户。

一、规范化与简约化的平衡：政府项目协同配合的"齐河经验"

在农业技术的推广过程中，政府的长期规划、部门间的分工合作、培训内容的搭建落实、技术标准的确立监管，都附着在每一个项目的获取、规划、实施、验收、运维过程当中。技术推广的最终成效，也受到相关项目运作实践的深刻影响。围绕每一项具体技术，政府每年的推广工作总是围绕两部分文件展开：一是年度工作的总体规划；二是各个项目的具体规划。无论是县政府的农业工作规划，还是县农业农村局的年度工作计划，对特定技术，都只能明确当年推广技术的总体任务指标和大致的工作任务，没有篇幅对技术相关的各方面内容进行详细的规定。而后一个任务，实质是落在每一个承载了资金的具体项目上。纵观全书我们可以发现，致力于农业现代化的诸多项目，如高标准农田建设、水利基础设施建设、秸秆还田、深耕深松等已经成为地方政府推动农业技术水平提升的主要载体。

以测土配方施肥技术为例。在 2022 年的县农业农村局年度工作计划中，提出要在该年实现"县域全覆盖宣传推广测土配方施肥技术，发布施肥配方 4 个、墒情简报 18 期"。相关工作的具体规划，则体现在粮食高产创建、基础设施建设、耕地质量保护等综合项目当中。例如，2022 年的耕地质量保护与提升项目就对测土配方施肥的建设任务、片区规划、技术细节、技术支持单位、推广方式、资金分配等内容作出了详细的说明（见表 1）。从表 1 中可以看到，一个力图推广某种技术的项目，必然包括两方面的内容：一是指导政府的行政工作,包括确定任务、分工、工作方法、资金分配等;二是对指导技术的推广,包括技术标准、技术细节、技术推广规划、技术推广方式等。因此,我们在讨论农业技术推广时,也不能仅关注技术本身,而是要进入实践中的行政过程。

表1 测土配方的具体规定

相关内容	具体规定
建设任务	继续推进测土配方施肥向纵深发展,完成肥效、化肥利用率等田间试验7个,农户施肥调查145户,向社会公开发布肥料配方,测土配方施肥技术推广面积230万亩次以上,技术覆盖率保持在90%以上。在施肥新技术、新产品、新机具"三新"配套上实现突破,打造2.8万亩次测土配方施肥升级版
片区规划	建立小麦2.8万亩"三新"技术示范区。示范区原则上设在"吨半粮"创建核心区的乡镇,实施面积2.8万亩。选择交通便利、基础设施配套完善的区域建设核心示范区
技术细节	土样检测项目包括土壤pH、有机质、全氮、有效磷、速效钾、缓效钾,耕地质量监测土样还要加测水解性氮。选取10%的代表性样品(优先选择耕地质量监测土样)测定中微量元素(有效铜、有效锌、有效铁、有效锰、有效硼、有效钼、有效硫、有效硅等)
技术支持单位	充分发挥各级科学施肥指导专家组技术支撑作用,实行专家包片负责制,指导责任片区制定技术方案,分析整理测土配方施肥基础数据,协助测算化肥利用率
推广方式	一是制定发布配方,以县为单位分析整理最新的土壤测试、田间试验等基础数据,制定发布主要作物基肥配方,引导企业按方生产、农民按需选购。二是强化农企对接,强化农业农村部门与大型骨干肥料企业合作,帮助企业研发生产配方肥。鼓励肥料产销企业开展个性化、定制化、保姆式服务,推动配方肥下地。农业农村部门要积极搭建肥料生产企业与规模化经营主体对接平台,便于供需双方直接洽谈合作,推动配方肥直供到户。三是强化技术培训,在主要作物施肥关键时期,开展系列科学施肥技术培训,所有种植大户、经营主体、科技带头户均纳入培训对象,按需培训。四是印发技术资料,以作物为主线,针对不同土壤养分状况和目标产量,集成施肥配方、肥料品种以及施肥时机、方法、用量等技术形成施肥技术明白纸,做到张贴到村,发放到村委和肥料经销网点,普通农户就近自由索取

续表

相关内容	具体规定
资金分配	小麦三新示范区:58.8万元;施肥调查:4.35万元;田间试验:14万元;施肥方案印刷张贴和施肥技术明白纸发放:4.85万元;培训、观摩、展示牌:2.00万元;合计:84万元

1994年分税制改革以来,项目制在地方发展与政府行政中的重要性不断提高。中央政府对地方政府的专项和项目资金规模不断增大,各类项目由发展改革委系统规划和管理,财政部门拨付资金,相关职能部门具体实施,几乎涵盖了所有的建设资金与公共服务资金,上级政府变成了下级政府的项目发包人,下级政府则成为项目的竞争者。[①] 时至今日,项目制已大规模深入我国政治、市场、学术、文化等各个领域,不断激发出各种"项目运动",多方面影响着中国社会的运作。[②]

近20年来,我国不断加强各级政府行政过程的法治化、规范化建设,力图通过制度建设以及"行政吸纳政治"来回应经济社会发展对政府行政能力越来越复杂多样的需求,改善政府行政过程中存在的不透明、不规范的种种问题,从而提高行政效率。[③] 项目制的理想,便是实现中央与地方发展与治理过程的规范化与专业化。每一个项目在设计之初,就对国家发展的战略目标进行了分解与操作化,将总体目标或大的项目目标细分为一系列具体而清晰的组成要素。以此为基础,在项目从立项到验收的每一个阶段

---

① 渠敬东、周飞舟、应星:《从总体支配到技术治理——基于中国30年改革经验的社会学分析》,《中国社会科学》2009年第6期。

② 陈家建:《项目制与基层政府动员——对社会管理项目化运作的社会学考察》,《中国社会科学》2013年第2期。

③ 焦长权:《从分税制到项目制:制度演进和组织机制》,《社会》2019年第6期。

建立严格的考核监管机制,包括明晰相关部门的权责归属;引入多重量化指标严格考核;吸纳专家学者等第三方进入项目评估与考核体系;等等。试图以程序上的清晰、公正以及技术化、形式化的规则约束,提高政府行为的可问责性,确保项目能够得到正确、高效的落实。经过多年的改革与发展,项目制已经成为行政管理体制的核心构件,地方政府想要更好地完成上级要求、获取行政资金、维系日常运转、谋求地方发展,势必要尽可能多、尽可能好、尽可能节约地完成项目。

然而,在农业技术推广的行政实践中,专业化、规范化的项目运作方式却可能遭遇困境。项目制的行政性要求政府能够高效组织各部门的分工合作,在规定的资金、时间内完成任务,并通过项目的验收检查;项目制的技术性则要求政府能够因地制宜,通过行政工作,真正推广并保障高新技术的落地。在实践中,两者之间可能存在以下两个方面的内在张力:

首先,行政过程中的具体工作、地方政府的机构设置以及项目的规划之间往往存在交叉与张力。在农业技术推广的相关工作中,项目规划、具体技术、职能部门间的重叠交错现象普遍存在。无论县里的不同部门,例如农业农村局、水利局、发展改革委等,还是特定部门内的不同科室,例如农技站、土肥站、种子站等,都在各自负责的专门领域具备资料、信息、人才的储备。而在项目运行的过程中,每一个具体技术被分散于不同的项目当中,这些项目又常常在具体工作中被分派于不同的部门、科室。以高标准农田建设项目为例:2014 年,齐河县明确开始高标准农田建设项目。当时该项目所包含的诸多技术指标,在过去大多分散嵌套于其他项目中,分散于政府的不同部门,并得到了初步的建设。多种多样的项目从不同的行政渠道下放到地方政府,同一项具体工作的配套资金常常分散在不同项目当中(例如多数与粮食产能提升有关的项目都会涉及水利基础设施建设),多数项目都会落实在一个以上的政府机构,而每一个政府机构又同时在为多个项目工作。① 这必然在实际工作中增加部门间的分工协同与信息沟通成本。

其次,追求规范化、形式化的项目制运作难以满足技术推广的实际需求。在多方面条件的限制下,地方政府在项目制运作过程中的实践逻辑,常常与项目设计之初的规范化、专业化构想相偏离。项目制的主体内容,是针对特定具体问题所设计的一套专业化的建设方案。项目制运行的实质,是将对社会生活方方面面的专业化设计,通过一个庞大的行政体系以及严格的行政程序加以落实。项目的规则化、标准化与技术推广条件的多样化、复杂化间存在明显的张力。受限于高昂的信息成本,项目本身的专业化设计,不可能完全考虑到地方农业生产复杂的实践条件。②

在很多情况下,项目试图推广的技术在地方上并不适用,或者需要经过一段时间的调试;而很多适用于本地的技术路线,却可能因为没有得到项目的充分支持而搁浅。项目资金计划的类目越详细,就越容易与基层治理过程中的现实情况相偏离。严格的技术管理确保了专项资金得到规范使用,也限制了资金使用的灵活性。

各方面因素的共同影响下,项目的设计与落实都会特别聚焦于特定几个数据指标,从而便于项目的评估、管理、审计与验收。地方政府的行政工作被一系列琐碎、臃肿的技术化、形式化工作所占据,只是在形式上满足了项目的规范化要求,而没有真正落实项

---

① 马骏、赵早早:《公共预算:比较研究》,中央编译出版社 2011 年版。
② 咎新改:《专项资金管理中存在的问题及对策》,《审计月刊》2006 年第 6 期。

目所承载的战略意图,也难以满足地方发展建设的现实需要。高度表格化、数据化的项目检查验收工作也极大增加了项目运转过程中的行政成本。工作目标与工作流程的细化管理,到基层往往表现为开不完的会、填不完的表、写不完的材料,使基层干部疲于应付。最后,过细的项目支出预算常常不能匹配于地方政府财政的现实状况。原本应该在年初预算到位,由财政部门负责全流程资金管理和监督的项目支出,往往只能达到不高的到位率[①],使过细的工作规划在实际的行政工作中难以展开落实。

上述两个方面问题,是任何地方政府在尝试通过项目制运作开展农业技术推广的过程中都会面对的。而齐河县能够以政府引领,整体提升农业生产的技术水平,正是在其工作实践中逐步摸索出了一系列的工作机制与工作方法,从而能够在很大程度上优化部门间统筹协调机制,简化项目制运转过程的工作机制,提升相关项目的实施效能,推动农业技术的真正落地。

在项目制的运转过程中,为了克服同一工作分散于多个项目,同一项目又涉及多个部门带来的组织协调问题,地方政府往往要通过"项目打包"的方式,以县(市)为主要单位,即"按照某种发展规划和意图,把各种项目融合或捆绑成一种综合工程,使之不仅可以利用财政项目政策来动员使用方的资源,而且可以加入地方意图,借项目之势,实现目标更加宏大的地方发展战略和规划"[②]。项目打包在组织层面的具体表现,就是由主管领导与相关各部门共同召开"现场会",在会议上开展动员、分派任务并落实各部门

---

① 焦长权:《从分税制到项目制:制度演进和组织机制》,《社会》2019 年第 6 期。

② 折晓叶、陈婴婴:《项目制的分级运作机制和治理逻辑——对"项目进村"案例的社会学分析》,《中国社会科学》2011 年第 4 期。

的责任。项目打包的实质,是在项目落在基层的过程中一定程度上模糊部门之间、项目之间的既定划分,对项目进行"再组织",使其匹配于地方工作的实际,从而便于部门间的协同配合与广泛动员。通过"项目牵线",围绕具体项目组织行政工作,协调行政资源,以便项目的开展能够更好地匹配于地方政府的工作节奏,使项目能够在基层得到更好落实,也为基层发展创造新的机遇。①

项目打包能够使项目在县(市)域范围内得到跨部门的统筹安排,尽可能以简约、高效的方式落实项目。然而,项目打包存在产生"样板村效应"的风险,即地方政府为了方便项目的落实验收并打造"政绩亮点",将各类项目打包集中在特定的片区,造成项目资源分配不均,强者越强,弱者越弱的问题。但项目与资源的相对集中,又有助于相关建设间的同频共振和发展水平的整体提高,进而产生示范效应,既有助于政府向上获取新的项目,又能产生示范效应,便于后续的行政动员与经验推广。

由此,项目制落实效能提升的关键,就在于能否在项目的规范化要求与项目打包的简约化统筹之间寻找到一个适当的平衡点。对这一问题,齐河县在长期狠抓粮食生产与农业技术水平提高的过程中,逐渐沉淀、发展出了自己行之有效的工作方法。我们仍以高标准农田建设项目为例。2019 年开始,齐河县开始整合分散于各个部门的与高标准农田建设相关的项目与具体工作,总体打包为"绿色优质高产创建项目",由农业农村局主要承担。这次打包主要从以下三个方面对相关项目进行了再组织。

首先,从绿色优质高产创建项目本身出发,结合田块平整、林

---

① 陈家建:《项目制与基层政府动员——对社会管理项目化运作的社会学考察》,《中国社会科学》2013 年第 2 期。

网、路网、水网等相关国家标准,以及深耕深松、秸秆还田等耕地地力提升的有关标准,在全县范围内统一了高标准农田建设的技术标准。同时将每亩配套资金统一提升至3000多元,计划在2024年完成全县110多万亩高标准农田建设,并逐步补齐标准较低时期完成的68万亩农田的建设水平。

其次,重新明确了部门间的协同方式与责任分工。基本组织架构是以农业农村局为主,协调县、乡两级有关部门召开联席会议,统筹项目相关工作。在明确各部门责任分工的过程中,对与其他项目有所交叉的技术内容,采取延续既有工作安排的方式,不做强行调整。例如,深耕深松技术是高标准农田建设的重要内容,但长期以来由农技站及其下属项目负责建设投入,由于其对相关工作更有经验,尽管深耕深松技术是高标准农田建设的重要内容,但并未划拨到农业农村局,而是依然由农技站负责。

最后,对整合到一起的各个分项目,在全县范围内作出综合性的总体规划。规划过程主要遵循两个原则。一是不合到一起,不重复实施。例如两个项目都对灌溉设施改良有配套资金,一个3万亩,一个5万亩,就尽可能不将它们合到一起,投放到同一片区,而是尽可能多地惠及还没有相关项目的片区。二是优先投放在示范区。通过集中建设力量与项目资源,提高示范区的建设效果,从而形成示范与带动作用。

总结而言,我们可以将齐河县整合打包类似项目,优化项目落实验收的实践经验概括为三个主要原则:第一个原则是总体规划,高标定位。即政府要基于当前发展阶段制定规划,基于阶段性总体目标统筹大小项目,而不是由各部门、各项目各自为政。在总体规划统筹的基础上,整合相关的技术标准,提升建设的整体水平。

第二个原则是专业落实,协同增效。即政府在整合项目,在各部门间分配责任时,既要考虑工作职责的集中和专业化,也要考虑特定具体工作当前是由哪个部门或项目落实的。将同一工作尽可能集中到长期负责该工作,最具经验与资源积累的部门。第三个原则是集中建设,兼顾普惠。即政府统筹协调项目的落实规划时,一方面要相对集中、重点建设,在示范区实现高水平生产要素的同频共振,尽快作出成绩,从而形成良性循环,既有助于下一步的项目资金获取,也能形成有效的示范带动作用。另一方面,对类似内容的项目,要兼顾项目的普惠性,避免项目资金的重复投入。

基于上述三个原则,县级政府能够在项目治理的过程中兼顾专业性与简约性,一方面对接国家对农业技术发展的顶层设计,承接相应的资金支持;另一方面有机协调相关部门的专业分工,以专业性、集中性、普惠性原则将项目资金及其所承载的高新技术、高新设备、技术规范对接到乡镇、村庄的多元经营主体。使县域范围内的技术发展有章可循,确保农业技术水平的持续提升。

二、政府引领下的服务保障:技术有效搭载的实践机制

发展农业社会化服务已成为将广大小农户引入现代农业发展轨道的重要战略举措。2015 年中共中央办公厅、国务院办公厅印发的《深化农村改革综合性实施方案》提出:"要通过周到便利的社会化服务,把农户经营引入现代农业发展轨道。"2017 年,党的十九大报告明确指出,"健全农业社会化服务体系,实现小农户和现代农业发展有机衔接"。2021 年的中央"一号文件"进一步强调,"发展壮大农业专业化社会化服务组织,将先进适用的品种、投入品、技术、装备导入小农户"。

与土地流转类似,农业社会化服务是推动农业生产走向规模化经营的有效途径,也是高新技术及其他现代生产要素得以使用的重要前提。因为只有实现一定程度的规模化经营,才能保障高新设备的作业面积以及高新技术的标准化使用,从而真正发挥技术进步带来的增产降本功能。农业社会化服务相较土地流转又具备多方面的优势:

首先,社会化服务包括多种形式的服务机制,例如土地全托管、土地半托管、订单农业、农超对接等。其次,社会化服务提供了多元化的服务内容,涉及产前、产中、产后的全生产环节,包括横向的规模连片服务与纵向的多环节服务①等多种打包、组合方式。最后,社会化服务的供给主体涵盖了多样化的组织经营方式,包括多种类型的合作社与大小企业。在本书的第三章可以看到,它们在技术引入、内部管理、对接农户等方面各具优势与不足。理论上看,相较于完全由土地承包者来承担规划生产过程,承担经营风险的土地流转模式,农业社会化服务更能契合于小农户的多样化需求。农户能够综合当地的农业生产特色以及自身在打工经济下的家庭分工,在不同类型的社会化服务机制、服务内容、服务组织间进行灵活选择与动态调整。农业社会化服务的发展有效填补了从政府部门与大型企业到广大农户间的空白,分散、多样的小农户因此能够嵌入到规模化的农业生产流程当中,享受农业技术水平提升带来的好处。

然而,无论在学者的研究还是在实践中都能看到,农业社会化服务要达到理想的效果,尚需克服多个维度的困难。首先,由于农

---

① 罗必良:《论服务规模经营——从纵向分工到横向分工及连片专业化》,《中国农村经济》2017 年第 11 期。

户、干部、经营者、服务者等多重身份的重合,社会化服务组织的公私利益分配常常交织混杂,可能影响服务主体贯彻落实政府项目以及开展技术服务的质量。

其次,从服务主体自身的经营来说,尽管它常常以粮食大户、合作社、村级行政组织等为依托,但依然在对接广大小农户的过程中存在较高的交易成本。对广大村干部来说,没有充分的市场效益以及集体经济的支持,农业社会化服务的推广将成为一件吃力不讨好的行政工作。

总结而言,如何在服务主体的市场性与公益性间寻求平衡点,既保证小农户以优质的服务和实惠的价格获得先进的技术服务,又确保多元服务主体在良性的竞争、合作下形成立体可靠的市场生态,是农业社会化服务体系发展建设过程中必须面对的客观挑战。对此,齐河县亦在实践中形成、完善了自己的工作方法。

首先,政府是技术服务的支持者。前文提到,政府以项目制运作为基本工作方法,以项目资金搭载各类先进技术要求。而到达执行层面,这些项目与要求主要就落在承接能力更强,更便于管理、验收的社会化服务主体身上。以齐河县为例,政府项目主要依托两类管道下发到各级服务主体。一是以县国企牵头的服务分包机制。由齐河县乡村振兴集团有限公司牵头,联合农业农村以及市场监管、行政审批、粮食保障中心、供销、邮政、金融等部门参与。将农资供应、技术集成、农机作业、仓储物流、产品营销、金融保险等服务分包下发给各级服务主体,包括实力较强的专业服务公司、粮食种植合作社、农机服务合作社、家庭农场等。二是以乡镇联合社牵头的服务分包机制,搭建了"联合社(3家及3家以上农民专业合作社联合成立,包含党组织领办合作社)+新型经营主体(农民合作社、专业服务公司、农业龙头企业、家庭农场、种粮大户)+村集体经济组织+小农户"的联农带农服务平台,实现服务资源的统一调配、共享共用。

上述两条管道共同构成了全县范围内农业社会化服务的纵向分包体系,政府以此注入资金,引导高新技术、高新设备的引进。除去技术水平提升的资金支持,政府也在服务过程中提供全程的技术支持。例如为企业提供即时的气象信息、病虫害信息,每年提供政府专业部门制定的测土配方、农药配比等。确保服务主体在技术上的可靠性。

其次,政府是技术服务的规范者。除了出台相关的技术规范,政府还负责服务全过程的指导、监管与验收,从而保障多元服务主体的服务质量。政府的监管指导主要以三种方式展开:一是对托管服务的价格指导。政府每年开展对服务价格的监管指导工作,确保服务价格由供需双方按照市场机制协商确定。服务组织要合理确定托管服务价格,防止个别服务组织形成价格垄断,发生价格欺诈,切实保障农户利益。二是对托管服务的合同监管。齐河县农业农村局参照上级拟定的生产托管服务合同示范文本,结合本县实际进行了修订完善,指导各项服务图表资料的填写,提高合同的规范化程度,确保服务双方合同签订得合法有效。并且相关合同都要在县农业农村局进行备案,在合同出现纠纷时,政府也会及时介入展开调解与仲裁。三是对托管服务的质量监督。政府在每个项目村成立了村"两委"成员、党员和群众代表参加的监督小组,对项目实施情况进行随时监督。服务组织完成单个或多个托管服务环节后,要求服务对象在服务记录上签字确认。县农业农村局专家组也会适时抽查作业质量,对服务质量不符合要求、群众不满意的服务组织及时督促改正。拒不改正的,则列入名录库黑名单。

　　齐河县政府的服务监管之所以有效,主要基于三个方面的原因。其一是齐河县、乡镇各级政府在农业生产领域的总体动员体制。如本书第二章谈到的,齐河县农业农村局以及相关各部门、各乡镇、村组干部都被分派了责任区,要求定期前往检查。尤其在农忙时节,农业农村局的专家更是不休假地奔走于田间地头,对作物生长状况做出及时的观察与检测。在此背景下,政府部门能够跟上技术进步带来的新的监管漏洞,不断摸索最行之有效的监管模式。以全县范围内的统防统治为例。齐河县每年统一的“一喷三防”工作是分包给一系列企业等经营主体来完成的,而农药喷洒质量受到高度、速度、农药配比等多方面的影响,常常出现喷洒不均、药量不够等情况。目前,齐河县已经对全县范围内参与统防统治的无人机进行了统一联网,通过 GPS 系统对农药喷洒状况进行即时监管。

　　其二是齐河县发展了第三方参与的服务监管体系,借助专业监管机构对服务进行质量检测。2022 年,齐河县政府便委托禹城市鑫意财务咨询有限公司对金穗粮食种植专业合作社农业生产托管项目进行了检测验收。通过现场资料调查、电话抽查、入户调查等方式,对涉及乡镇、村庄的土地耕翻、作物播种、作物收获等环节展开调查,并出具了详细的验收报告。第三方监管机构的引入,提高了社会化服务过程的透明度,确保了服务质量监管的专业性与公平公正。

　　其三是齐河县积极发动群众对社会化服务的质量开展监督。当区域整体实现了技术密集型的农业生产,建立起了多元、立体、普惠的社会化服务网络,农业生产的技术服务因此也嵌入到社会当中,受到政府、企业、合作社、小农户乃至广大群众的共同重视、共同监督。不同层级、部门的政府官员,不同类型的服务主体,不同规模的农户经营者,基于自身生产、实践的半径,能够及时更新、发展社会化服务的内容与标准,并展开对社会化服务质量的全方位监督。

除了在项目过程中不断征求群众反馈,齐河县还通过基层政府、农技部门、举报热线等渠道收集群众对服务主体所提供的农业技术服务的疑问与意见。以增施氮肥为例。在推广秸秆还田后,由于微生物分解秸秆需要消耗土地中的氮元素,常常与作物争氮,造成叶片返白,影响产量,因此需要适当增施氮肥。但对服务主体来说,更经济的做法是施加一次复合肥,反复增施氮肥(尿素)的做法是费时费力的。在不断收到农业种植大户的反馈后,齐河县政府逐渐在各个项目的技术要求中强调增施氮肥的重要性,并将土壤中的氮含量作为抽样检测的重要指标。正是基于政府相关部门与广大农户的密切联系,以及对农业生产实践的最新变化与困难的深入认识,才能够不断调整、完善对社会化服务主体的技术监管与技术要求,确保广大小农户所获得的服务质量。

多元社会化服务体系的建构,实质是要打通小农户实现农业高技术生产的"最后一公里"。为此,必须充分发挥政府、市场、群众的积极作用,在长时段的有效引领与多元主体的全方位保障之下,真正将最适合当地农业生产条件,最适合农户家计经营模式的高新技术匹配到每家每户。在此过程中,政府绝不能满足于完成行政层面与量化考核层面的资金注入、硬件建设、服务验收等任务,而是要全方位参与到社会化服务的实践过程当中,发挥自身的支持与监管职能,既要帮助服务主体降低交易成本,提升服务质量,使其更好地适应市场与技术发展的需要;又要有效地引领、协调广大小农户的农业生产,保护其切身权益。在此过程中不断摸索出符合当地发展实际的,中国式农业现代化的实践路径。

科学技术是第一生产力,在我国经济体系、治理体系现代化转型的过程中,以及农业现代化发展的过程中,高新技术的引入都是必不可少的。然而技术的推广与农业技术水平的提升是一个涉及太多变量与关系的复杂工程。齐河县的案例说明,技术引入绝不是"一锤子"买卖,而是一个长期持续的过程,涉及地方与全国全球经济链、技术链的有效连接,涉及政府主体、市场主体、群众主体利益结构的合理重组,涉及制度保障、资源保障、人才保障等多方面资源的协调统一。必须充分调动各级政府、各类主体的主观能动性,在持之以恒的实践中探索适合于地方的发展模式。解放思想,实事求是,深入实践,久久为功,才有可能找到高新技术与社会主义市场经济体制的有机衔接点,将科学技术储备真正转化为生产力。

纵览全书能够看到,以小农户为主的农业经营体制并非无法将农业生产提升到较高的技术水平。在此过程中,政府的统筹规划、支持保障起到了决定性的引领功能。多样化的社会化服务体制的技术搭载则为小农户的技术获得以及农业现代化经营体系的发展完善提供了全面、可靠的技术保障。齐河县的发展经验证明,在我国当前大国小民的基本国情下,农业技术水平的持续提升存在广阔的发展空间。只有充分发挥我国的制度优势,因地制宜、因时制宜推动农业高技术发展,才能最大限度、最高质量地利用好宝贵的自然资源,才能以农业高技术生产促进广大农户的收入提升,才能使农业产能在现代生产要素加持下实现综合水平的跨越式进步,从而更好地回应国家与时代所提出的战略要求。

参 考 文 献

1. 白和盛、詹存钰、杨建春等:《农业科技示范户的培育与成长分析——以江苏省扬州市江都区小纪镇农业科技示范户为例》,《江苏农村经济》2015 年第 3 期。

2. 陈国庆、龙云安:《发展不充分与农业科技创新补齐机制及对策研究》,《科学管理研究》2018 年第 3 期。

3. 陈慧女、周伧:《中国农业科技创新模式变迁及策略选择》,《科技进步与对策》2014 年第 17 期。

4. 陈家建:《项目制与基层政府动员——对社会管理项目化运作的社会学考察》,《中国社会科学》2013 年第 2 期。

5. 陈义媛:《农业技术变迁与农业转型:占取主义/替代主义理论述评》,《中国农业大学学报(社会科学版)》2019 年第 2 期。

6. 陈义媛:《中国农技推广体系变迁、农业转型与技术政治》,《开放时代》2021 年第 3 期。

7. 陈印军、易小燕:《我国耕地"非粮化"整治成效、困难、问题及对策建议》,《中国农业资源与区划》2023 年第 9 期。

8. 仇叶:《部门工作"中心化":县域条块关系的重组及其治理

后果》,《经济社会体制比较》2023 年第 2 期。

9. 杜新豪、曾雄生:《经济重心南移浪潮后的回流——以明清江南肥料技术向北方的流动为中心》,《中国农史》2011 年第 3 期。

10. 冯燕、吴金芳:《合作社组织、种植规模与农户测土配方施肥技术采纳行为——基于太湖、巢湖流域水稻种植户的调查》,《南京工业大学学报(社会科学版)》2018 年第 6 期。

11. 韩俊:《把农民合作社办得更加红火》,《人民日报》2020 年 8 月 11 日。

12. 韩庆龄:《小农户经营与农业社会化服务的衔接困境——以山东省 M 县土地托管为例》,《南京农业大学学报(社会科学版)》2019 年第 2 期。

13. 郝龙飞:《基于产学研用的科技成果转化创新模式研究》,福州大学 2016 年硕士学位论文。

14. 何可、吴昊、曾杨梅:《"双碳"目标下的智慧农业发展》,《华中农业大学学报》2023 年第 3 期。

15. 胡凌啸、王亚华:《小农户和现代农业发展有机衔接:全球视野与中国方案》,《改革》2022 年第 12 期。

16. 苑鹏、丁忠兵:《小农户与现代农业发展的衔接模式:重庆梁平例证》,《改革》2018 年第 6 期。

17. 叶敬忠、豆书龙、张明皓:《小农户和现代农业发展:如何有机衔接?》,《中国农村经济》2018 年第 11 期。

18. 扈映:《发达国家农业技术传播模式的经验与启示》,《调研世界》2008 年第 5 期。

19. 黄季焜、胡瑞法:《农业科技投资体制与模式:现状及国际比较》,《管理世界》2000 年第 3 期。

20. 黄建伟、张兆亮:《地方政府参与耕地流转"非粮化"的逻辑及其治理——基于耕地种树绿化的案例研究》,《中国土地科学》2023 年第 1 期。

21. 黄宗智、高原:《中国农业资本化的动力:公司,国家,还是农户》,《中国乡村研究》2013 年第 00 期。

22. 黄宗智:《改革中的国家体制:经济奇迹和社会危机的同一根源》,《开放时代》2009 年第 4 期。

23. 黄宗智:《中国经济是怎样如此快速发展的? ——五种巧合的交汇》,《开放时代》2015 年第 3 期。

24. 姬雄华、王巍:《乡村振兴下农民"5+X"培训课程体系研究》,《成人教育》2022 年第 12 期。

25. 蒋文宁、陈振中:《乡村振兴背景下订单式新型职业农民培训的新探索》,《成人教育》2023 年第 7 期。

26. 焦长权、董磊明:《从"过密化"到"机械化":中国农业机械化革命的历程、动力和影响(1980—2015 年)》,《管理世界》2018 年第 10 期。

27. 焦长权:《从分税制到项目制:制度演进和组织机制》,《社会》2019 年第 6 期。

28. 昝新改:《专项资金管理中存在的问题及对策》,《审计月刊》2006 年第 6 期。

29. 孔祥智、方松海、庞晓鹏等:《西部地区农户禀赋对农业技术采纳的影响分析》,《经济研究》2004 年第 12 期。

30. 孔祥智、楼栋、何安华:《建立新型农业社会化服务体系:必要性、模式选择和对策建议》,《教学与研究》2012 年第 1 期。

31. 李俏、李久维:《农村意见领袖参与农技推广机制创新研究》，《中国科技论坛》2015 年第 6 期。

32. 李学兰、戴春园、穆天祥：《安徽省新型农业经营主体技术采纳意愿影响因素分析——以环境友好型农业技术为例》，《黄山学院学报》2023 年第 3 期。

33. 林毅夫、沈明高：《我国农业技术变迁的一般经验和政策含义》，《经济社会体制比较》1990 年第 2 期。

34. 刘胜：《农资经销商的社会资本的拓展与应用》，吉林大学 2017 年硕士学位论文。

35. 卢东宁：《农业技术创新的政府补贴策略研究》，《农村经济》2011 年第 10 期。

36. 陆自荣：《中国农业资本化的逻辑与限度——以马克思社会劳动的技术剩余为视角》，《中国农业大学学报（社会科学版）》2020 年第 3 期。

37. 罗必良：《论服务规模经营——从纵向分工到横向分工及连片专业化》，《中国农村经济》2017 年第 11 期。

38. 罗必良：《论农业分工的有限性及其政策含义》，《贵州社会科学》2008 年第 1 期。

39. 马春艳、龚政、李谷成：《政府支持、FDI 与农业技术创新——基于产出与效率的双重视角》，《农林经济管理学报》2020 年第 1 期。

40. 马骏、赵早早：《公共预算：比较研究》，中央编译出版社 2011 年版。

41. 马启峰、安成立、杜军志等：《创新农业技术推广模式——建设农村科技示范户网络体系的农业技术推广模式探索与实践》，《安徽农学通报（上半月刊）》2010 年第 13 期。

42. 渠敬东、周飞舟、应星:《从总体支配到技术治理——基于中国 30 年改革经验的社会学分析》,《中国社会科学》2009 年第 6 期。

43. 孙明扬:《基层农技服务供给模式的变迁与小农的技术获取困境》,《农业经济问题》2021 年第 3 期。

44. 孙生阳、孙艺夺、胡瑞法、张超、蔡金阳:《中国农技推广体系的现状、问题及政策研究》,《中国软科学》2018 年第 6 期。

45. 田辉:《农保补贴政策应朝"增力度、调结构、提效率"方向调整》,《中国经济时报》2014 年 11 月 27 日。

46. 王晓敏、颜廷武:《技术认知、环境规制与农户秸秆还田技术采纳行为》,《世界农业》2022 年第 4 期。

47. 王晓燕:《浅谈农业风险的识别及控制》,《现代化农业》2003 年第 8 期。

48. 王炫凯等:《"十四五"时期我国粮食安全存在的问题及对策研究》,《粮食问题研究》2022 年第 3 期。

49. 程国强:《推进粮食产业高质量发展的思考》,《中国粮食经济》2019 年第 9 期。

50. 王学军、陶忠凯:《市场秩序混乱的原因及对策》,《辽宁大学学报(哲学社会科学版)》1989 年第 5 期。

51. 魏后凯:《"十四五"时期中国农村发展若干重大问题》,《经济研究参考》2020 年第 8 期。

52. 吴丽萍、朱险峰、胡凯:《政府研发支持对农业企业技术创新的影响效应研究——以农业类上市公司为例》,《价格理论与实践》2021 年第 5 期。

53. 吴喜梅:《论政府在农业科技创新中的职能》,《人民论坛》

2012 年第 20 期。

54. 谢文帅:《中国小农户和现代农业发展有机衔接研究》,吉林大学 2022 年博士学位论文。

55. 徐勇:《历史延续性视角下的中国道路》,《中国社会科学》2016 年第 7 期。

56. 徐宗阳:《资本下乡的社会基础——基于华北地区一个公司型农场的经验研究》,《社会学研究》2016 年第 5 期。

57. 杨华、袁松:《中心工作模式与县域党政体制的运行逻辑——基于江西省 D 县调查》,《公共管理学报》2018 年第 1 期。

58. 张陈莲:《农业技术合作平台建设中政府角色的演变逻辑》,《市场周刊》2021 年第 12 期。

59. 张翅:《政府补贴的技术创新激励效应——来自农业上市公司的证据》,《农业技术经济》2020 年第 1 期。

60. 张东伟、朱润身:《试论农业技术推广体制的创新》,《科研管理》2006 年第 3 期。

61. 张董敏、齐振宏、李欣蕊等:《传统农户与科技示范户两型农业行为差异分析》,《中国农业大学学报》2014 年第 5 期。

62. 张惠中:《山东省耕地"非粮化"空间格局分异特征及其影响因素研究》,山东农业大学 2023 年硕士学位论文。

63. 张建雷:《技术的组织逻辑:B 县农业产业转型的过程分析(1986—2016)》,《中国乡村研究》2021 年第 1 期。

64. 折晓叶、陈婴婴:《项目制的分级运作机制和治理逻辑——对"项目进村"案例的社会学分析》,《中国社会科学》2011 年第 4 期。

65. 郑晶晶:《我国农业技术推广中政府行为创新对策》,《南方农机》2017 年第 17 期。

66. 周黎安:《转型中的地方政府》,格致出版社 2008 年版。

67. 朱磊:《农资经销商的转型及其动因分析——基于豫县的实地调研》,《西北农林科技大学学报(社会科学版)》2018 年第 2 期。

68. 朱英、章琰、宁云:《现代化农业技术推广中的"能人效应"》,《中国科技论坛》2021 年第 8 期。

69. 朱玉春、郭江:《中国农业乡镇企业的技术进步及其与农业增长的相关分析》,《中国农村经济》2006 年第 11 期。

后　记

本书系共计 6 本。除总论外,从"地、技、义、利、人"五个维度展开深入研究,分别对应"藏粮于地""藏粮于技""政府责任""农民利益"以及"农耕文明"的目标与愿景。本研究以齐河县为代表的山东省县域实践为样板范例和研究对象,对县域整建制、大规模提升粮食单产,保障国家粮食安全的措施、方法、逻辑和机制进行了全面而系统的探讨。通过实证研究,得出了具有启发性的理论与政策层面的结论,期望能为进一步夯实国家粮食安全根基贡献力量,同时也作为山东省扛起农业大省政治责任、打造乡村振兴"齐鲁样板"的一项系统性理论成果。

本项研究于 2023 年年初正式启动。研究团队在德州市齐河县开展了长时间、大规模的实地调研,并多次召开研讨会和论证会,对观点进行提炼,对提纲进行整理与完善。研究和撰写工作主要由来自中国人民大学、北京师范大学、华东理工大学和中共山东省委党校(山东行政学院)的学者承担。在此过程中,研究得到了中共山东省委党校(山东行政学院)、山东省农业农村厅领导同志以及德州市、齐河县党政领导同志的鼎力支持,为调研工作提供了良好条件;农业专家、种粮农户以及粮食产业链上的各类市场主体给予了我们很大的帮助,为研究提供了丰富的资料和专业建议;人民出版社经济与管理编辑部主任郑海燕编审为本书系的出版付出了诸多心血,提供了大力支持。在此,我们一并表示衷心的感谢。

2024年5月,习近平总书记在山东考察期间,明确提出要求山东建设更高水平的"齐鲁粮仓"。本项研究及本书系的出版,正是贯彻落实习近平总书记重要指示精神的具体实践。在炎热酷暑下,我们深入村落、走访农户,与基层干部、科研人员、农户促膝交流、彻夜长谈,细致查阅各类文献资料、认真研读各级政策文件,正是在这些深入实践、融入实践的过程中,我们对之前学习过的理论知识、政策要求、指示精神有了切实、具体、触达心灵的理解与感悟。如今,在本书系出版之际,回顾2023年研究启动时的场景,我们更加深刻地体会到"把论文写在祖国大地上"的内涵与价值。

本书写作团队成员白天分工协作展开实地调研,晚上进行超过四小时的复盘讨论,确保问题得到充分共享,信息实现高效互动,思维产生多维碰撞。团队每天都力求在研究课题上取得突破,并为次日的访谈和研究制订详细的行动计划。这些珍贵的调研素材和问题讨论为每位主笔者提供了坚实的写作基础。在具体写作分工方面,绪论由董磊明、吕虹撰写;第一章由卢霞、张徐丽晶撰写;第二章由黄慧、卢霞撰写;第三章由韦瀚深、黄慧撰写;第四章由张徐丽晶、何伟志撰写;第五章由何伟志、韦瀚深撰写;结语由吕虹、董磊明撰写。刘硕在调研和作品修改过程中,负责与齐河县各部门对接、搜集资料、确认数据。全书由吕虹、李欣灿最终统稿。本书作为集体思考与讨论的体现,代表了团队智慧的结晶。

本书系献给为保障国家粮食安全不懈奋斗、默默奉献的劳动者们!